트라우마 탈출 8가지 열쇠

마음의 깊은 상처를 입은 이들을 위한

트라우마 탈출 8가지 열쇠

바베트 로스차일드 지음 | 노경선 옮김

8 KEYS TO SAFE TRAUMA RECOVERY

덴마크에서 9년이란 세월 동안 연구하며 작업하고,
성장과 모험을 해 나갔던 나의 시간들을 돌보아 주었던
친애하는 스승이자 치료사인 론 레이머와 레나트 올라스에게
이 책을 바칩니다.

론 레이머와 레나트 올라스,
당신들의 한결같은 지지와 후원 그리고 가르침은
나로 하여금 트라우마를 전혀 새롭게 인식하게 해 주었고,
그로부터 회복할 수 있도록 이끌어 주었기에 깊은 감사를 드립니다.

트라우마 탈출 8가지 열쇠

초판 1쇄 인쇄 2011년 12월 14일
2쇄 발행 2014년 6월 12일

지은이 | 바베트 로스차일드
옮긴이 | 노경선

펴낸이 | 임말희
인쇄 | 문성인쇄
펴낸곳 | 눈 출판그룹

출판등록 | 2012년 5월 23일 제321-2012-000122호
주소 | 서울특별시 서초구 서초동 효령로 60길 23-11 서진빌딩 3층
전화 | 02-3394-4745
팩스 | 02-3394-4749
이메일 | malheeklarayim@gmail.com
홈페이지 | www.nun.or.kr

값 18,000원
ISBN 978-89-94347-13-4 (03180)

파본이나 잘못된 책은 바꿔드립니다.

 이 책의 국립중앙도서관 출판시도서목록(CIP)은 e-CIP 홈페이지(www.nl.go.kr/ecip)에서 이용하실 수 있습니다. (CIP 제어번호 : 2011005416)

Babette Rothschild
PO Box 241783
Los Angeles, CA 90024
310.281.9646
babette@8keys.cc (이메일 주소)
http://www.trauma.cc
www.safetraumarecovery.com

목 차

역자 서문

현대를 살아가는 많은 이들은 과거에 심한 충격과 마음의 깊은 상처 트라우마를 입은 탓에 불안과 우울, 분노, 수치심, 그리고 죄책감과 해리 및 여러 신체적인 증상들로 인해 고통을 받고 있다. 또한, 과거에는 그리 대중적이지 않았던 이 '트라우마' 라는 용어가 최근 들어 일반인들에게 빈번히 혹은 일상적으로 통용되는 오늘날의 상황을 돌이켜 볼 때, 현재 우리의 삶에 '트라우마' 라는 것이 그만큼 만연 해 있다는 사실을 뒷받침 해 주고 있는 것이라 하겠다. 이 책의 저자 바베트 로스차일드는 바로 이러한 사람들 곧, 마음의 깊은 상처를 입은 이들을 수십 년에 걸쳐 치료하면서 얻은 중요한 경험들을 이 책에서 서술하고 있는 한편, 저자 자신도 그와 같은 상처를 입은 후, 그 치유과정을 지나며 얻은 것들을 이론 및 임상적으로 잘 정리하고 있다. 한마디로, 저자는 트라우마로 인해 고통을 겪고 있는 사람들이 스스로를 도울 수 있도록 하기 위해 이 책을 저술 하였다.

일반적으로, 과거에 시행되어 온 치료 이론 중에서 가장 중요한 부분은 과거의 경험을 되돌아보며 이 기억들에 대한 작업을 통하여 문제를 해결해 나가는 것이었다. 그러나, 이 책의 저자가 궁극적으로 주장하는 바는, 치유에서 가장 중요한 점은 현재의 삶에서 안정을 회복하고 정상적인 기능을 하는 것이며, 이것이 이루어진 후에야 필요하다면 과거의 기억에 대한 작업을 해 나가야 한다는 것이다. 다시 말해서, 과거의 기억에 대한 작업보다는 현재의 안정이 더 중요하다는 점을 저자는 강조하고 있는 것이다. 그리고 이와 더불어, 8가지의 해결 방법과 트라우마에 대처하는 방법들을 이론적인 면과 임상적인 측면에서 실례를 들어가며 상세히 설명하고 있으며, 독자들로 하여금 이 방법들을 트라우마 치유에 스스로 적용해 보도록 권유하고 있다.

트라우마를 치유하는 일은 반드시 수많은 난관에 봉착하기 마련이고, 그것은 한걸음 한걸음 일직선상에서 더디게 진행이 된다. 아울러, 여러 저자들과 상담전문가들이 선호하는 허다한 치료요법과 프로그램들도 존재하고 있다. 그러나, 모쪼록 이 책을 통해 마음의 상처와 아픔을 지니고 고생하시는 분들과, 이들의 아픔을 치유하기 위해 동참하시는 전문가에게 미약하나마 도움이 되기를 바라는 마음 간절하다. 또한 무엇보다도, 트라우마를 입은 독자 스스로가 안전하게 그로부터 회복 될 수 있도록 그 길을 안내해 주는 필요한 도구와 장치들을 이 책을 통해 얻을 수 있기를 바란다. 끝으로, 이 책의 초역을 맡아주신 권오숙씨께 감사의 인사를 드린다.

자하산방 Little Press에서

역자 노경선

상식과 트라우마의 치유

'상식' 은 내가 글을 쓰고 가르치는 그 모든 것의 근거를 이루는 것이자, 그동안 주관해온 훈련 프로그램의 대중적인 주제이기도 하다. 특히. 제 11차 개정판 메리암 웹스터 대학생용 사전Merriam-Webster's 11th Collegiate Dictionary에서는 이 상식이란 것을 "상황이나 사실에 대한 단순한 인식을 바탕으로 한 건전하고도 신중한 판단" 으로 정의하기도 하였다. 그러나 특정 상황과 사실에 이 상식이란 개념을 한정시키고 적용한 다는 것이 말처럼 그리 쉬운 일은 아니다. 실제로, 현재 런던에 거주하고 있는 나의 베스트 프렌드 마이클 개빈은 종종, "상식은 그리 평범하지 않다" 라는 말로 나에게 그에 대한 어려움을 상기 시키고 있는데, 유감스럽게도 나 역시 그의 말에 동의할 수밖에 없는 것이 사실이다. 이는 특별히, 트라우마를 다룰 때에 그의 말을 전적으로 실감하는 까닭이기 때문이다.

나 자신의 외상후스트레스장애(PTSD)를 극복하고 전문적으로 연구를 해오며, 나는 내 마음속에서 끊임없이 맴돌았던 몇 가지 질문들을 가지고 있었다. 그것은 바로 '트라우마의 치유로 가는 과정이 왜 그렇게 꼭 '잔인' 해야만 하는가?' 라는 문제와, '트라우마를 겪으면서 이미 그렇게 고통을 당했는데, 치유를 받는 과정에서 다시 고통을 겪어야 할 필요가 있는가?'

그리고, '트라우마의 후유증을 다루는 것은 왜 그 트라우마를 일으킨 본래의 사건 당시 겪었던 것과 거의 같은 수준의 몸서리치는 고통과 스트레스를 수반 하는 것처럼 보이는가?' 하는 질문들이었다. 한마디로, 내 마음속에 내가 지니고 있던 나만의 '상식' 이, 보다 안전하고 보다 상처를 덜 받는 방법으로 트라우마를 치유하기 위한 추가적인 장치들이 반드시 있어야 한다고 아우성을 쳤던 것이다.

이 책의 일차적인 목적은 자조 치유self-help recovery를 원하는 사람들의 트라우마를 줄이고자 하는 것이고, 트라우마의 치유 자체로 인한 트라우마도 줄이는 것이다. 나 역시 그러했던 것처럼, 수많은 사람들이 트라우마를 치유하는 과정을 자신들이 실제로 겪었던 사고incidents[1]들보다 때로는 더 끔찍한 것으로 받아들인다는 사실은 실로 우려할 만한 문제이다. 트라우마를 초래한 대부분의 사건들events 자체는 상대적으로 짧은 지속 기간을 가지고 있으나, 그것에 대한 치료를 받지 못하거나, 치유를 위한 프로그램의 선택이 제한되거나, 잘못해서 엉뚱한 치료를 받는 경우에는 그 상처가 일생을 거쳐 악화 될 수가 있다.

수년간에 걸쳐 트라우마를 입은 내담자들과 상담 작업을 하고, 전문적 트라우마 심리치료사들을 지도하고, 트라우마에 유용한 자료들을 읽고 그에 대한 조사 및 연구를 광범위하게 진행하며 내 스스로가 지닌 과거 나의

1) 본서에서는 상황에 따라 트라우마를 단수형이나 복수형으로 사용 하였고, 또한 (돌발적인) '사고(incident)' 와 (기억에 남는) '사건(event)' 과 같은 용어들도 전후 사정에 따라 달리 사용하였다. 이 책을 읽으며 독자들은 자신이 지니고 있는 트라우마가 단일한 것인지 아니면 복합적인 것인지, 개인적인 상황에 비추어 자신들의 생각을 '편집' 해 보기를 권하는 바이다.

문제를 다루면서, 나는 트라우마 치유의 기저에는 오직 몇 개의 핵심적인 문제들만이 존재한다는 결론을 내리게 되었다.

- 트라우마의 생존자가 자신이 실제로 트라우마에서 살아남았다는 사실을 인식하는 것
- 플래시백flashback은 단지 기억에 불과하다는 것을 이해하는 것
- 트라우마를 일으킨 사고를 방지하거나 멈추게 하지 못한 것에 대해 스스로를 용서하는것
- 수치심을 경감시키는 것
- 감당할만한 크기로 치유 단계를 줄여 나가는 것
- 경직되거나 패배 상태에 휩싸인 자신의 신체를 움직이고 동원시키는 것
- 보다 성숙하고 좋은 사람(혹은 보다 나은 세상)이 되기 위해 트라우마의 경험으로부터 그 의미나 목적의식을 추출해 내는 것

한편 위의 항목들을 살펴보았을 때, '트라우마를 일으킨 사건을 기억해내기' 라는 내용이 부재하다는 것을 독자들은 알아 차렸을 것이다. 그 이유는 트라우마에 대한 기억을 되풀이하여 재고再考하고, 이야기하고 조사하는 일반적 임상치료에 대해 내가 의문을 품고 있기 때문이다. 대부분의 사람들은 '트라우마를 일으킨 사건을 기억해내는' 것이 트라우마를 입은 모든 이들에게 필요할 것이라고 추측할 것이다. 그러나 이는 '상식' 에 위배되는 것이다. 일부 어떤 이들에게는 아주 도움이 될지 모르나, 다른 이들에게는 마치 '재난' 과도 같은 위험한 결과를 초래 할 수 있는 문제이다. 더

욱이, 치료 과정에서 발생 된 세부 사항들을 처리하는 것이 다른 문제를 해결하는 데 있어 항상 필요한 과정도 아니며 오히려 일반적으로 말해서, 필요하지 않을 수도 있다. 사실, 스스로 트라우마를 극복하는 사람들은 자신의 트라우마에 대해 훨씬 덜 강력한 기억을 가지고 있으며, 그것을 되풀이해서 기억하려고도, 세세한 사항을 추적하려고도 하지 않는다. 아울러, 상당히 많은 트라우마로 인한 희생자들이 과거 사건에 대한 기억을 상기하도록 강요당할 때, 오히려 그 증상이 악화된다는 것은 주목할 만한 중요한 사실이다.

트라우마를 치유하는 데에 있어 대단히 중요하고 심각한 그릇된 인식이 하나 있는데, 그것은 사람들이 트라우마를 치유하기 위해서는 그 이전에 먼저 '상한 감정' 을 느껴야만 한다는 즉, 고통을 당해야만 한다는 잘못된 생각을 가지고 있다는 사실이다. 이 역시 상식에 위배되는 그릇된 믿음에 지나지 않는다. 트라우마를 일으킨 상처를 기억하는 것이 그 사람의 상태를 악화시킨다면, 그는 그 기억을 외면하고 회피하려 들기 쉽고, 그렇게 되면 적어도 트라우마가 치유되기 보다는 오히려 그 상처에 대한 기억이 더 오래 지속 되고 만다. 트라우마 치유의 목적은 고통의 심화가 아니라, 그 고통을 완화시키는데 있는 것이다. 따라서, 여기에서 '상식' 은 또 한 번, 트라우마 치유에 대한 기본적인 목표를 우리의 삶의 질을 향상시키는 방향으로 놓아 둘 것을 우리에게 요구하고 있다고 해야 할 것이다. 이것은 '삶의 질 향상' 이라는 치유 목적에 부합 될 때, 과거의 끔찍한 공포를 재고하는 작업은 오로지 치료 과정의 한 부분으로만 사용 되어야만 한다는 말과

일맥상통 하는 것이다. 그렇다고 해서, 모든 트라우마의 생존자들이 항상 편안하고 좋은 감정을 느껴야만 한다는 의미는 아니다. 이 또한 상식에 위배되는 것이기 때문이다. 그 어떤 고통스런 상태를 벗어나는 데에는 어느 정도 힘들고 불편한 시간이 소요 될 것이다. 그러나, 트라우마로부터 벗어나기 위한 불편함이, 삶의 질이나 일상생활을 정상적으로 영위하는 능력을 위태롭게 한다는 것은 절대 용납할 수 없는 문제이다.

나는 언제나 소위, '사람은 천차만별' 이라는 말을 상식의 핵심 원칙으로 여겨왔다. 이 말은 트라우마를 입은 사람들과, 치료를 위한 개입에 대한 그들의 반응에도 마찬가지로 적용될 수 있는 말이다. 나는 한 가지 전략이 두 사람에게 똑같은 효과를 가져 올 거라는 기대를 결코 하지는 않는다. 각 개인의 독특한 필요에 맞추어 특별히 고안 된 프로그램이나 접근 방식에 상식이 자유롭게 적용 될 때, 트라우마의 회복은 가장 순조롭게 진행되는 것이다.

본서 곳곳에서 나는 '상식' 이라는 개념에 비추어, 트라우마의 치유과정을 이해하기 쉽도록 설명하기 위해서 애를 썼다. 이 책이 당신으로 하여금 트라우마의 치유를 이루어 내고, 그 치유의 상태를 유지하며 관리하는데 필요한 도구와 자신감을 획득하는데 커다란 기여를 할 수 있기를 간절히 바란다.

일러두기

전문 상담가로서 나의 직업적인 목표는 피상담자들에게 내가 언제나 일종의 '폐기처분의 대상' 이 되는 것 즉, 나란 사람이 더 이상 필요치 않은 존재가 되는 것이었다. 이 세상에서 트라우마가 완전히 사라짐으로써 나의 이 목표를 달성할 수 있다면 더없이 기쁠 노릇이지만, 그것이 그렇게 쉬운 일만은 아니다. 하지만, 트라우마를 입은 이들은 자신을 치유해 나아가려는 충분한 정보와 장비들을 스스로도 대단히 잘 겸비하고 있기에 나는 그들에게 점차적으로 '불필요한 존재' 가 되는 것만으로도 만족할 것이다. 더불어, '트라우마 치유를 위한 8가지 열쇠' 가 그 목표를 실현 시키는 데에도 중요한 기여를 하기를 소망하는 바이다. 트라우마 치유의 여정이 안전한 것이 되도록, 필수적인 지식과 도구를 제공하는 것이 바로 본서의 목표인 것이다.

트라우마 치유에 관한 이야기를 하면서 나는 왜 계속해서 안전safe 이라는 용어를 사용하는 것일까? 이 책을 읽는 대부분의 사람들은 이미 짐작했겠지만, 트라우마의 치유로 가는 길은 가시밭길의 연속이고, 자칫하면 발을 헛디디기 쉽다. 그런데 트라우마의 자조self-help를 돕는 대부분의 서적들은 오로지 하나의 접근 방법만을 소개하고 있는 실정이다.

이와 마찬가지로, 트라우마 치료 프로그램과 심리치료사들 역시 하나의 방법만을 선호하는 경향이 있다. 그래서 피상담자가 시간과 돈을 투자해 자조를 돕는 서적을 읽거나 치료를 위한 면담을 받고 나게 되면, 자신이 선택한 것이 무엇이든 간에 그것을 고수해야만 할 것 같은 의무감을 느끼게 된다. 그러나 운이 좋아 그가 선택한 치료 방식이 잘 맞으면 다행이지만, 만일 그렇지 않은 경우라면 트라우마를 입은 사람은 "이것이 효과가 없다니 도대체 뭐가 잘못된 거지? 분명히 내 잘못일거야." 하는 식으로 치료의 실패를 자신의 책임으로 돌릴 수가 있다. 이러한 상황에서는 좌절감이 가장 큰 '후유증' 으로 작용을 하고, 최악의 경우에는 그 좌절감으로 인해 치료의 방법과 프로그램은 무용지물이 되며 피상담자는 무기력한 상태에 빠지게 된다.

그러나, 이러한 딜레마에 접근하는 또 하나의 방법이 있는데, 그것은 바로 치유의 과정을 더 안전하게 가는 것이다. 그리고 그 과정에서 나는 당신이 이를테면 '운전석' 에 앉도록 돕고 싶은 것이다. 요컨대, 나는 당신이 스스로 트라우마 치유라는 운전석에 앉아 그 최종 목적지에까지 안전하게 도달해 가는 과정에서 요구되는 통제력을 갖출 수 있도록 돕고 싶을 뿐이다. 지금 막 치유를 시작했건, 한참 진행 중이건 그것은 아무런 상관이 없다. 스스로에 대한 통제력을 갖출 때만이, 당신은 '이곳에서는 조금, 저곳에서는 더 많이' 하는 식의 자유로운 결정을 내릴 수 있고, 또한 치료를 위한 그 어떠한 조합을 당신이 취하든 간에 본인에게 맞는 방법을 찾게 되는 것이다. 따라서 결국, 이러한 과정이 온전히 이루어질 때, 트라우마는 더 이상 당신을 통제할 수 없게 된다. 본인 스스로가 트라우마의 치유과정을 책임지고 이끌어 간다는 것은 스스로에 대한 또한, 자신이 가진 증상과 삶에 대한 통제력을 되찾는 것을 의미 한다. 아울러, 앞으로 다루게 될 '8가지 열쇠' 가 바로 그 목표를 향해 나가는데 기여를 하게 될 것이다.

트라우마의 치유는 단순히 트라우마를 일으킨 사고들을 기억하거나 처리하는 것보다도 더 많은, 그 이상의 것들을 지니고 있다. 사실, 어떤 면에서 보자면, 트라우마를 입은 본인의 과거에 초점을 맞추는 것이 필요하거나 바람직하지도 않을 수 있다. 올바른 트라우마 치유는 무엇보다도 삶의 질을 향상시키는데 가장 먼저 그 초점을 맞춰야만 한다. 어떠한 방법을 사용하던지 간에, '삶의 질 향상' 이라는 그 목적에만 부합이 된다면 트라우마를 입은 사람에게 유익한 것이 된다는 말이다. 그러나 그 어떤 것을 막론하고 이 목표를 접고 들어가야 한다면, 좋지 않은 것으로 판단해야 한다. 지나치게 단순화 시킨 것으로 보일지 모르지만, 트라우마 치유의 원칙을 구현하기 위한 방법은 대개 단순하다. 본서에서 트라우마의 치유가 '삶의 질 향상' 이라는 목표를 향해 나아가기 위해서 제시한 '8가지 열쇠' 에서는 각각 다음과 같은 것들을 고안하였다.

- 트라우마에 대해서 자신이 가진 정보를 증가시킬 것
- 자기 자기에 대한 이해 즉, 자기 지식self-knowledge을 더해 갈 것
- 신경체계를 진정시키는 방법을 배움으로써, 보다 선명하게 사유하고 더 수월하게 판단들 을 내릴 수 있을 것

이렇게 위에서 제시한 핵심 사항을 익혀나가면, 나만의 상식과 내 몸과 마음이 알려주는 지혜에 접근하게 된다. 곧, 내 자신이 트라우마에 대항하여 단단히 무장을 갖춤으로써, 나에게 좋은 것과 좋지 않은 것, 치유를

진전시키는 것과 삶의 질을 증가시키는 것, 혹은 그 반대로 치유와 삶을 저하시키고 타락시키는 것들에 대해서도 충분한 정보를 근거로 하여 판단을 내릴 수 있게 된다는 말이다. 아울러, 본서에서 제시한 '8 가지의 열쇠' 중에서 한두 가지나 혹은 그 전부를 이용할 수도 있고, 부차적으로는 자조 또는 치유에 관한 전문서적이나 프로그램 등, 그 무엇과도 결합해서 본서를 이용해도 좋다.

성공적인 치유란 무엇을 말하는가?

이 시점에서 당신은 트라우마의 성공적인 치유란 어떤 모습일까 궁금해 할 것이다. 여기에서 나는 그 기준선에 대해서 먼저 간략하게 설명한 후, 그 후에도 이 책에서 내내 그 기준선을 확장시킬 것이며, 229페이지에 언급한 에필로그에서 다시 한 번 그에 대한 설명을 할 것이다. 트라우마 치유의 성공여부를 측정하는 데에는 최소한 두 가지의 방법이 있는데, 이 두 가지 방법은 모두 치유에 대한 평가를 내릴 때에도 필요한 측면들이다.

- 첫 번째 방법은 성공의 객관적 평가인데, 이는 누구나 알아볼 수 있는 행동들이다. 예를 들어, 일터로 되돌아가는 것, 정상적으로 먹는 것, 제한됐던 활동들을 확장하는 것 등의 행동들을 포함한다. 그리고, 트라우마가 당신의 일상생활에 어떻게 영향을 끼쳤는가에 따라 당신이 측정해야 할 그 세부 사항들은 다르게 된다.

• 두 번째 평가 방법은 성공의 주관적 평가인데, 이는 백 퍼센트 전적으로 나 자신에 의해 결정된다. 여기에는, 트라우마가 충분히 개선되었다고 느끼는가? 자신이 원하는 데로 일상생활이 굴러가고 있는가? 예전의 트라우마 증상들을 통제하고 있는가? 와 같은 평가들이 있다. 더 구체적인 예를 들면, 플래시백이 엄습할 때 이를 컨트롤하고 자신을 진정시킬 수 있는가? 자신의 몸과 마음이 좀 더 평화로운 상태에 놓여 있는가? 와 같은 평가들을 일컫는다.

본서의 구성

본서는 트라우마의 치유에 관한 방법을 보다 손쉽게 적용하는데 그 초점을 맞추고 있다. 각 장에서는 치유의 길을 제시하는 하나의 '열쇠' 와 함께, 다음의 9가지 중심요소들도 포함하고 있다.

1. 각장의 열쇠가 다루고자 하는 쟁점 사안들을 서술한다.
2. 열쇠가 풀고자 하는 문제를 소개하기 위해 합성된 사례를 예로 든다.
3. 문제에 관해 토론을 벌이며, 적절한 이론을 소개한다.
4. 각장의 열쇠가 가지고 있는 핵심 내용들을 서술한다.
5. 핵심 내용들을 합성사례에 적용하는 한두 가지 예를 든다.
6. 하나 또는 그 이상의 연습을 해야 할지 말아야 할지를 결정하도록 돕기 위해, 조언, 질문, 또는 점검목록을 주는 형식으로 안내한다.

7. 각장에서 제시하는 '열쇠' 를 이용하여, 서너 가지 이상의 연습을 실시한다.
8. 자신의 마음을 챙기고, 각 장의 '열쇠' 가 제시하는 것으로부터 얻을 수 있는 개인적 이점을 평가하는 질문의 시간을 갖는다. 각 장마다 이 섹션을 둔 이유는, '8가지 열쇠' 를 관통하는 '깨달음Philosophies과 테크닉을 항상 평가하라' 는 대원칙을 되새기자는 의미에서다.
9. 마지막 부분에서는 독자들이 일상생활에서 어떻게 하면, 이 '8가지의 열쇠' 들을 계속해서실행하고 평가할 수 있는지에 대한 방법을 안내한다.

독자들을 위한 약속

나는 내 능력을 총동원하여, 이 책에서 독자를 괴롭힐 명백한 가능성을 지닌 자료들은 최대한 제거하려고 노력했다. 트라우마의 유형과 개인적 사례에 관한 논의는 아주 간결하게 개요 정도로만 끝을 냈고, 많은 이들을 언짢게 할 세부적인 유형은 과감히 제거를 했다. 트라우마 치유를 외치면서, 또 다시 상처를 받을 이유는 없다. 물론, 독자 개개인에 대해서, 이들이 어느 부분에서 예민함을 느끼고 자극을 받을지 특정 영역을 다 예상할 수는 없지만, 만일 본서에 내재된 무언가가 당신을 도발하거나 화나게 한다면, 그것은 절대로 의도된 것은 아니니 양해해 주기를 바란다. 모쪼록, 독자를 위한 정보와 이익은 최고 수준으로 최적화하면서, 반면에 독자를 불편하게 할 가능성은 최소화하도록 단어 하나하나 및 각 상황을 신중하게 선택하고 편집하였음을 밝혀 둔다.

소통과 피드백

먼저, 저자와의 연락을 위한 정보는 이 책 앞부분 저작권 페이지에 나와 있음을 밝힌다. 나는 긍정적이든 부정적이든, 모든 피드백을 환영하며 독자가 보낸 서신을 받고자 최선을 다할 것이다. 그러나 모든 이메일이나 편지에 답하지 못하는 경우가 발생할 수도 있을 것이다. 더불어, 이메일이나 우편서비스, 이 모두가 완벽한 시스템은 아니라는 점도 기억을 해 주기 바란다. 때때로 편지나 메시지는 중간에 분실이 되는 경우가 있으니 혹시 본인이 보낸 서신에 답장을 받지 못했더라도, 부디 거부당했다고 생각하지 않았으면 한다. 그저, 저자가 당신의 서신을 받지 못했거나 다른 이유로 답장할 수 없었을 뿐이라고 생각해 주면 좋겠다. 또한 잘 알려진 바와 같이, 인터넷은 대부분의 사람들이 생각하는 것 보다 훨씬 더 개방적인 공간이므로 누군가가 중간에서 읽을 우려가 있으니, 개인적 과거사를 아우르는 은밀한 세부사항이 담긴 장문의 편지는 보내지 말기를 바란다. 저자로부터 답장을 받기 원한다면, 최대한 내용을 압축하여 간결하게 서신을 보내야만 답장을 받을 가능성이 커짐을 역시 밝혀 둔다.

치료의 개별적 차별화

다른 저서들에서 뿐 아니라, 나는 강연이나 연수를 시작하면서 아래와 같은 마치 하나 '선언' 과도 같은 말을 덧붙이는 것이 이제는 나만의 전통이 되었다.

즉, '이 책에서 토론하고 제안하는 모든 정보와 개입은 이론, 가설, 그리고 추측에 근거 한다' 는 선언이 바로 그것이다. 그리고 이것은 다시 말해, 트라우마 영역의 모든 것이 이론이고 추측이라는 말과도 같다. '확고한 사실' 이란 존재하지 않는다. 심리학의 모든 경우에서도 마찬가지이고, 다 그런 것은 아니지만, 과학과 의학의 다수의 경우에서도 마찬가지이다. 신념이란 것은 새로운 정보가 발견되고 소화되는 과정을 거치면서 늘 변하게 마련인 것이다. 언제가 내 주치의는 나에게 "의학계에서는 '오늘의 복음이 내일의 이단' 입니다."라는 말을 한 적이 있는데, 오늘날 우리는 치료와 약물사용이 도입되고 철회될 때마다 그러한 증거를 빈번히 보게 된다.

트라우마 치유도 이와 마찬가지이다. 어떤 사람에게 효과가 있다고 해서 다른 사람에게도 그럴 것이라고 가정하는 건 현명하지 않다. 가장 좋은 트라우마 치유 프로그램은 각 개인의 개별적 필요에 맞춰 재단이 된 것이다.

덴마크에서는 새로운 정보에 접할 때에는 반드시 '씹어야' 한다는 말을 한다. 이것은 만일 새롭게 접한 그 '맛' 이 좋지 않다면 즉시 뱉어 버리고, 반대로 맛이 괜찮다면 조금 삼킨 후에 어떻게 소화되는지 지켜봐야지, 한꺼번에 그 전체를 삼켜서는 안 된다는 말이다. 나는 독자들이 내가 주장한 모든 것을 '삼키기를' 절대 기대하지도, 원하지도 않으며 그런 것이 건강한 방법이라고 믿지도 않는다. 또한 이 책에서 제공하는 것을 맛보고 편안하게 소화시킨 다음, 이치에 맞다고 생각되는 것들만 독자들이 흡수하기를 바란다.

'내가 전적으로 옳기 때문이 아니라, 나는 내 의견에 대한 대가를 받는 것뿐이다.' 라는 말은 내가 아주 좋아하는 슬로건 중에 하나이다. 이 책을 다 읽고 난 독자에게 내가 선사 해 줄 수 있는 것은 오로지 저자인 나의 '의견' 일 뿐이다. 이것은 어느 작가이건 심리치료사간에 마찬가지이다. 물론, 당신이 당신의 상황을 측정하고, 계획하고, 실행으로 옮길 때, 이미 충분히 고려 된 훌륭한 정보에 근거한 전문적 의견들은 전적으로 중요하다. 그러나 '의견' 을 '사실' 로 혼동하지는 말라. 그저 어떤 전문가가 'X, Y라는 전략이나 개입에는 Z가 최선' 이라는 연구결과나 여기에 다른 과학적 증거를 들먹인다고 해서, 그 모든 치료적 견해들이 심지어 그 어떤 하나의 의견조차도 당신에게 적합하거나 알맞으리라는 보장은 없는 것이다. 궁극적으로, 최선의 전문가는 바로 당신 자신이다. 당신에 대해 당신이 알고 있는 것과 부합되는 의견들만 채택하라. 그것이 트라우마의 안전한 치유를 보장하는 가장 좋은 방법이다.

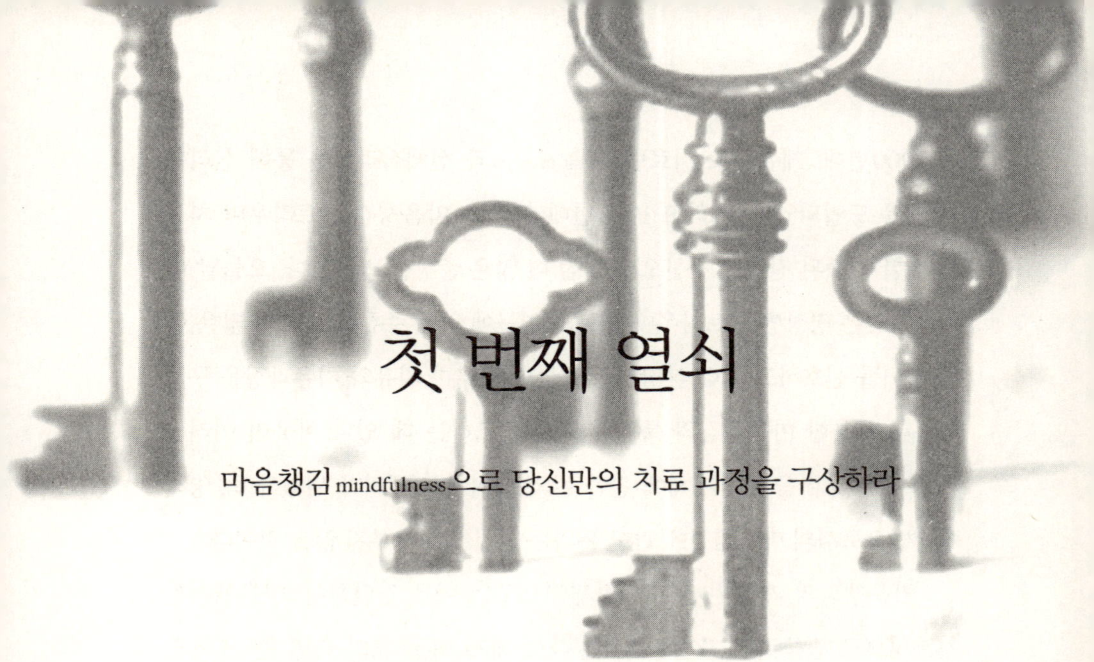

첫 번째 열쇠

마음챙김mindfulness으로 당신만의 치료 과정을 구상하라

우리가 생각하고 행동하는 범위는 우리가 간과하는 것들에 의해서 제한이 된다. 그리하여, 어떻게 우리의 생각과 행동이 어떻게 만들어지는 가에 대해서 우리가 간과 하고 있다는 사실을 알기 전까지는, 우리가 바꿀 수 있는 건 거의 없다.

– 로널드 랭(*R. D. LAING*)

삶의 궁극적 가치는 단지 생존보다는 인식과 명상 및 숙고의 힘에 달려있다.

– 아리스토텔레스

현재에도 그 인기는 계속 치솟고 있지만 사실, 마음챙김mindefulness 명상법은 새로운 것이 아니다. 불교와 동양철학에 뿌리를 둔 이 마음챙김 명상법은 1900년대, 게슈탈트 치료법Gestalt therapy과 신체심리학을 통해 심리학에 처음 도입되었다. 그리고 1990년대 이후로, 마음챙김은 트라우마 치유를 위한 검증된 진정한 자산으로 점점 더 많은 존경을 받아왔다. 오늘날 이 마음챙김은 명상법은 트라우마 치료와 연구에 있어 주류에 속하며, 많은 이들이 이를 선호하고 있다. 본장의 목표는, 트라우마 치유와 치유과정을 구상하는데 유용한 마음챙김의 특정 원칙을 강조하는 데 있다. 아울러 이러한 목표 때문에 마음챙김 자체에 관한 논의는 여기서 제외가 되었다. 즉, 영적 수행법으로서의 마음챙김에 관한 논의는 여기에서 다루지 않을 것이다.

마음챙김의 개념은 적어도 표면적으로는 매우 간단하다. 마음챙김은 기본적으로 집중적인 자기 이해로, 다섯 내지 여섯 개의 측면 곧, 신체의 감각적 인식 온도, 긴장, 뱃속이 울렁거리는 것, 상태 배고픔, 졸림, 느낌 행복, 슬픔, 이미지, 그리고 생각이 포함되는데, 이것들은 우리의 의식을 통해 들어오고 나가면서 포착될 수 있는 것들이다. 이와 같이, 마음챙김은 우리 자신에 관한 모든 종류의 데이터에 접근하도록 만들어 준다. 트라우마 치유의 보조적인 역할로서, 마음챙김은 하나의 측면, 또는 여러 개를 조합하는 형태로 유용하게 쓰일 수 있다.

분명히 당신은 일상생활에서 이 마음챙김을 규칙적으로 일정하게 이미 이용을 해 왔을 것이다. 점심에 먹을 것을 결정하거나 직장에 입고 나갈 옷을 고를 때, 자신의 감정이나 몸의 반응에 주의를 기울이는 것이 그 좋은 예이다. 우리는 일반적으로, 하나의 의사결정을 내리는 순간에 얼마나 많은 정보가 자신에게 영향을 끼치는지 잘 깨닫지 못한다. 예를 들어서, 가구를 사는 것도 흔히 마음챙김이 이용되는 영역이다. 지난번에, 집이나 사무실에 놓을 의자나 소파를 샀던 기억을 떠올려보라. 그 가구를 선택하게 된 근거는 무엇이었던가? 느낌이 어떤지 – 단단한지, 부드러운지, 편한지, 불편한지 – 비교해보려고 여러 번 이 소파, 저 소파로 옮겨 앉지 않았던가? 다양한 가능성에 대해 느꼈던 건 또한 어떠했던가? 이 의자에 앉으면 행복해지거나 편해질 것 같고, 반대로, 저 의자에 앉으면 긴장되고 기분이 들썩거릴 것 같은 상상을 해보지 않았던가? 어쩌면 또한, 당신은 어떤 가구가 방의 분위기에 어떻게 영향을 미치고, 거꾸로 그 가구 때문에 당신이 방에서 느끼는 기분이 어떻게 달라질지 더 좋은 쪽이건 나쁜 쪽이건 간에 상상해보려고 했을 것이다. 한편, 한 두 개의 의자도 당신에게 다른 공간이나 시간에 관한 추억을 불러일으켰을 가능성도 배제할 수 없는데, 이는 아마도, 당신이 예전에 그와 비슷한 가구를 보거나 앉았을 때도 그랬을 것이다.

가구 선택은 마음챙김을 실용적으로 적용하는 아주 기본적인 한 가지 예시에 불과 하다. 본 장의 목표는 이 간단한 전략을 사용하여, 각자 '내면의 골디락스Inner Goldilocks'가 속삭이는 목소리에 귀를 기울여서 더 중요한 모든 종류의 선택을 내리도록 돕는데 있다. 요컨대, 마음챙김 명상법은 단순히 적절한 의자를 고르는데 도움을 줄 뿐만 아니라, 트라우마 치유 과정에 대한 선택을 안내할 수도 있다는 말이다.

베리[2)]는 극도의 외상후스트레스장애(PTSD)로 인해 나에게 상담을 받

2) 이 책에 소개되는 모든 사례의 경우, 사생활과 비밀보장을 위해 신원에 관한 모든 정보를 완전히 교체하였다. 유일한 예외는 나의 경우를 예로 든 것뿐이다. 이와 똑같은 이유로, 각 사례는 사실상 여러 상황이 합성된 것이다. 그러나 나는 최선을 다해서 실제의 문제와 예로 든 전략의 통합성을 유지하려 애를 썼다.

으러 왔다. 그의 증상 중 일부는 알아채기가 쉬운 것들이었는데 예를 들자면, 빠른 심장박동과 식은 땀, 수면 장애, 집중 장애, 정신적 상처를 입힌 사건이 불쑥불쑥 떠오르는 것 등이었다. 이와 비슷한 상태에 있는 사람들에게 내가 일상적으로 제안하는 것 중의 하나는, 먹고 마시는 것에 주의를 기울이라는 것이다. 매우 심한 스트레스를 받을 때, 나는 보통 카페인 커피, 차, 아스피린, 그리고 많은 탄산음료과 MSG 아시아 요리나 통조림 스프에 흔히 들어 있는 맛화학 조미료를 줄이라고 권유한다. 이 두 가지 모두 맥박을 증가시켜 증상 악화를 유발할 수 있기 때문이다. 그러나 베리가 실제로 먹는 것에 주의를 기울이자 흥미로운 일이 발생했다. 그는 자신이 레드불Red Bull[3]을 마실 때, 가장 기분이 침착해진다는 것을 알게 되었고, 게다가 중국 음식은 그가 가장 좋아하는 것이었음에도 불구하고, 아무런 스트레스도 유발하지 않았다는 점도 깨닫게 되었다. 오히려 보통 매일 한 개씩 먹었던 사과와 다른 몇몇 흔한 음식이 자신의 기분을 매우 불안하게 만든다는 것을 알아 차렸다. 이 조사의 결과는 음식의 효과가 각 개인마다 얼마나 다를 수 있는가를 상기시켜주었다. 약간의 연습 끝에, 베리는 찬장이나 레스토랑 메뉴를 들여다보는 것만으로, 심장 박동이나 기타 증상을 올리거나 낮추는데 어떠한 영향이 자신에게 미칠지 정확히 예측하게 되었다. 이제 그는 매우 능숙하게 이를 다루는 사람이 되었다. 자신이 먹는 음식에 마음챙김을 적용한 것이 결정적으로 베리를 치료한 것은 아니었지만, 그 방법은 베리의 불안과 자극의 '정도' 를 통제하는데 도움을 주면서, 치유과정을 상당히 원활하고 쉽게

3) 카페인이 매우 많이 들어간 탄산음료 중에 하나이다.

만들어 주었다. 이것은 중요한 첫 걸음으로서, 마치 하나의 퍼즐을 푸는 유용한 조각이었던 셈이다.

그렇다면, 위와 동일한 원칙을 더욱 더 중요한 선택에 적용함으로써 얻는 이익을 고려해보자. 즉, 어떠한 치료, 운동이나 치료 개입이 나에게 적절할지 미리 예측하고 평가할 수 있다면, 그 가치는 실로 대단하지 않겠는가? 마음챙김은 '전문가' 를 배제하고서라도, 자신에게 가장 좋은 것을 스스로가 결정할 수 있도록 도와줄 뿐만 아니라, 그 힘을 내 손 안에 혹은 내 마음과 내 몸 안에 단단히 유지하도록 도와주는 것이다. 물론, 전문가들- 작가나 의사, 심리치료사-의 조언은 그 나름대로 여전히 가치가 있지만, 내게 도움이 되는 것을 자신 스스로 평가할 수 있다면 그 때, 전문가들의 조언은 더욱 더 빛을 발할 것이다. 특정 치료 방법의 저작자나 심리치료사가 나에게 맞는 가장 좋은 것을 안다고 가정하는 것에는 위험이 뒤따른다. 다른 사람의 평가나 다름 사람이 제안 한 지시에 동의 여부를 결정하기 어려울 때, 그때 마음챙김은 도움을 줄 수가 있다. 만약 스스로 동의 할 수 없을 때에는, 차라리 자신의 지침을 따르거나, 추가적인 의견을 요구 할 수도 있다.

실질적인 문제

일반적으로, 트라우마의 후유증으로 고통을 겪는 사람들은 상처를 받기가 아주 쉽다. 그들의 신경체계는 고장이 나 있고, 신체적 몸 심리적 정신 증상은 혼란스럽고 끔찍하다. 이들은 자신에게 제공되는 것이 그 무엇이든 그 것에 필사적으로 매달리려 한다. 혹시 효과가 있다면 그보다 더 좋을 수는 없겠지만, 만약에 치료적 개입이 실패로 끝나는 경우에는 트라우마 생존자는 결국 치료 받기전보다 더 나쁜 상태가 되고 만다. 다음에 소개하는 이메일은 그러한 치료 실패의 예이다.

친애하는 바베트 로스차일드에게

복합성 외상후스트레스장애(PTSD)로 진단을 받은 뒤, 저는 지난 7개월간 트라우마 치료 프로그램을 받았어요. 지금, 제가 훨씬 나아진 상태라고는 말할 수 없고 다만, 제가 아직도 11살 전에 일어난 일에 대해서 아무것도 기억을 못 하기에 모든 사람들이 짜증나 있는 상태입니다. 제 심리치료사는 바로 그 지점이 트라우마가 있는 곳이라고 말하거든요. 그러나 저는 아무리 애써봐도 그것에 대한 기억이 나질 않습니다. 저는 이곳에서, 또는 어디서든 제가 필요로 하는 것을 얻지 못할까봐 점점 더 겁이 나네요. 조언을 좀 해주세요. 고맙습니다. – 마사올림

마사의 경우는 잘못되어도 무언가 한참 잘못되어 있다. 그녀는 자신이 정말 곤경에 처한 사실을 인지하고 있다. 또한 그녀는 자신이 7달 동안 치료 프로그램에 전념해왔으나, 아무런 효과가 없다는 사실도 알았다. 그녀

는 여전히 프로그램에 적응해 보려고 애를 쓰지만, 아무리 몸부림을 쳐봐도 그녀는 그들의 요구사항을 충족시킬 수가 없다.

나는 종종 이와 유사한 이메일을 받는다. 이들은 마사처럼 어떻게 치유과정을 시작해야 하는지 조언을 구하거나, 특정 프로그램, 방법, 책의 유용성에 대해서 나의 의견을 물어 온다. 그러나 이에 대해선, 수많은 선택이 가능하기 때문에 그것들을 고르는 것도 어렵거니와 어떤 것이 효과가 있을지 예측하는 것 또한 만만치 않게 어려운 일이다. 효과가 있다고 '입증' 된 증거조차 때로는 혼란스럽고 심지어 모순이 발견되기까지 하니, 그에 대한 근본적인 문제 해결에 도움이 되지 않기는 마찬가지인 것이다.

프로그램에 그렇게 많은 투자를 하기 이전에, 자신에게 정말로 잘 들어맞는 프로그램인지, 혹은 그 프로그램에 잘못된 점은 없는지를 예측해주는 상담이나 조언을 미리 받을 수는 없었을까? 여기에서 우리가 알 수는 없는 노릇이지만, '마음챙김' 명상은 어쩌면 그녀에게 유용했을 가능성이 있다. 만약, 그녀가 치료 프로그램에 대한 고민을 하는 동안에, 자신의 신체 감각과 정서적 반응, 그리고 떠오르는 생각에도 집중할 수 있도록 안내를 받았다면, 그녀는 보다 분명한 방향을 제시하는 정보에 접근할 수 있었을 것이다. 예를 들어, 과거의 트라우마를 다룬다는 조항이 포함되어 있는 프로그램의 지시 사항을 읽어나가는 혹은 듣는 도중, 갑자기 복부가 조여오고 두 발이 차가워지는 것을 느꼈다면, 이 프로그램은 자신에게 맞지 않음을 알려주는 뚜렷한 지표로 삼았을 수 있다. 어쩌면 마음의 눈으로 상징을 보았을 수도 있는 것이다. 만일 그녀가 집중하는 방법을 배웠다면, '멈춤' 혹은 '막다른 끝' 과 같은 징표가 그녀에게 나타났을지도 모른다. 역시 이 점에 대해서도 우리가 알 수는 없는 노릇이지만, 마사의 사례는 트라우마 치유를 촉진시키고 치료과정을 구상하는데 유용하게 쓰일 마음챙김의 잠재적 가능성에 대해 조명해준다. 아래는 또 다른 사례이다.

재니스의 사례

재니스는 타인과의 신체적 접촉과 포옹을 원했지만, 다른 사람과 신체적인 접촉을 할 때마다 자신이 멍해진다는 사실을 알았다. 성적인 관계를 할 때는 물론이고, 누군가를 잡거나 안고 있을 때에도 또한 넋이 나가 있었다. 이러한 딜레마로 인하여 그녀는 의미 있는 관계에 자신이 연루되는 것을 피했다. 대신에, 그녀는 때때로 파티에서 만난 낯선 사람을 집으로 데리고 와서, 그녀의 표현을 빌리자면, "내가 거기에 있건 말건 신경 쓰지 않는 누군가와 함께 있음으로써, 긴장을 풀 수"가 있었다. 특히, 그녀는 영화 애니홀Annie Hall의 등장인물이었던 우디 알렌과 애니가 성적인 관계를 맺는 동안, 애니의 영혼이 침대를 떠나는 한 장면에 공감을 했다.

아주 어릴 때부터 자신의 아버지로부터 상습적으로 성추행을 당한 재니스는 타인과의 접촉을 두려워하면서도 또 한편으론 접촉을 원하는, 그러한 양가감정兩價感情, ambivalence을 발달시켜 왔다. 그 후 성인이 된 후에도 그와 똑같은 갈등은 그녀 내부에서 계속 되었고, 결국 그녀는 병이 들고 말았다. 그녀의 마음속 깊은 곳에서는 접촉과 포옹의 필요성을 느끼고 있었지만, 욕구를 충족시키려는 모든 시도는 결국 좌절이나 공황으로 끝이 났다. 그리고 그녀가 접촉을 완전히 포기하자, 심각한 우울증이 찾아왔다. 그녀는 하나의 타협점을 찾아야만 했다. 만약 그녀가 마음챙김을 알았더라면, 도움을 받을 수 있었을까?

이론의 적용

최근에 와서 대중적 인기가 커지긴 했지만, 마음챙김 명상 혹은 마음챙김 수행은 이미 2500년 전부터 불교의 명상에서 시작되어 온 것이다. 그것이 현대에 와서 우울증 치료에서부터 사업 감각을 날카롭게 하는 데에까지 모든 영역에 걸쳐 적용이 되고 있다. 20세기에 들어서면서는 게슈탈트 치료, 신체 심리치료, 특히 하코미Hakomi, 휄든크라이스Feldenkrais나 알렉산더 기법과 같은 신체치료법 등의 심리치료에 마음챙김을 도입하기 시작했다. 그리고 21세기에 이르러, 인지치료는 그 핵심적인 치료방법으로 마음챙김을 채택하기에 이르렀다.

부처는 마음챙김의 기초로서 다음의 4가지를 가르쳤다.

1. 몸 – 신체와 정력 둘 다 포함됨. 그러나 여기에서 우리는 오직 구체적이고 물질적인 몸 특히, 신체의 감각기관에 주의를 기울일 것이다.

2. 느낌 – 감정들

3. 마음 – 생각과 이미지를 포함한다.

4. 다르마Dharma, 진리를 뜻하는 산스크리스트어 – 세상의 만물이 모두 서로 얽혀 있다는 것과 관계가 있음.

여기에서 우리는 이 책의 목적과 부합된 위의 세 가지 기초만 이용을 할 것이다. 마음챙김을 공부하는 학생과 마음챙김 수행자들, 그리고 불가의 마음챙김의 대가와 그들의 눈에는 우리의 논의와 적용이 매우 제한적인 것으로 보일 것이다. 그러나 이 책은 불교에 관한 책이 아니다. 우리가 적용하고자 하는 마음챙김의 개념은 매우 구체적이고, 정확한 목표에 초점을 맞춘 것이다. 이와 관련해서 보다 더 깊은 내용과 수행에 관심이 있는 독자들은 개별적으로 조금 더 알아보기를 바란다.

기본적으로, 마음챙김은 나의 안과 밖에서 지금 벌어지고 있는 일들에 의식을 집중하는 것을 말한다. 생각과 느낌, 감각, 그리고 충동이 우리가 자각하는 모든 대상이다. 마음챙김에는 영적인 영역도 포함이 되지만 그렇다고 거기에까지 신경을 쓸 필요는 없다. 여기서는 우리는 우리의 목적을 달성하기 위해, 몸과 느낌, 그리고 정신적 측면에만 초점을 맞출 것이다.

트라우마 치유와 마음챙김의 관련성을 더 깊이 파악하려면, 안토니오 다마시오Antonio Damasio의 신체의 지표들somatic markers 이론을 읽는 것이 도움이 될 것이다. 『데카르트의 오류Descartes' Error』의 저자로 가장 잘 알려진 그는 특정 유형의 뇌 손상을 입은 사람들을 조사 및 연구하여 신체적 지표에 관한 이론을 개발해 내었다. 그는 전두엽 피질에 손상을 입은 환자들로부터 놀라운 공통점을 발견했는데, 이는 그들이 신체의 감각을 거의 감지하지 못한다는 사실이다. 특히 그들은 복부의 울렁거림, 심장 박동이나 호흡의 변화, 또는 얼굴이 붉어지거나 창백해지는 것으로 표현되는 피부의 열이나 차가움과 같은 신체 내부기관의 감각을 느낄 수가 없었다. 게다가, 그들은 감정 분노, 슬픔, 두려움, 행복 을 식별할 수 없었는데, 여기에서 더욱 심각한 것은 그들이 더 이상 합리적 의사결정을 할 수 없다는 것이었다. 이러한 특징들을 종합적으로 연결하여, 다마시오는 신체의 인식과 정서적 인식이 의사결정에 모두 필요하다는 결론을 내렸다. 우리가 삶에서 마주치는 온갖 경험이 우리의 몸에 유쾌함과 불쾌함의 모든 자취를 남기면서 신체에 각인이 되는데, 다마시오 박사는 이것을 '신체의 지표' 라고 명하였다. 그리고 그는 이 '지표' 들이 미래의 의사결정을 내리는데 안내자의 역할을 한다고 주장 하였다. 한편, 다마시오 박사의 이론을 쉽게 시험해 보는 방법이 있다. 주방으로 가서 한 번에 하나씩, 양념이나 허브 냄새를 맡아보라. 자신이 가장 좋아하는 것부터 시작해서, 그 향을 맡으면서 자신의 몸의 반응을 관찰해보라. 몸속의 반응 즉, 뱃속의 느낌이 유쾌한가? 혹은 그 반대인가? 호흡에 어떤 변화가 느껴지는가? 만일 그 어떤 변화가 느껴진다면, 그것은 당신이 지닌 과거의 어떤 생각이나 이미지가 특정 향과 허브에 연관이 된 것이다. 할머니가 계신 주방이었을 수도 있고, 특별한 레스토랑에서의 데이트였을 수도 있다. 그 결과가 어떻게 나오던 간에, 신체적 감각과 기억들은 특정 향과 관련된 신체적 지표에 의해서 모두 촉발이 되는 것이다. 유쾌했던 경험은 기분 좋게 느껴지는 신체지표를 남길 것이고, 반면에 불쾌했던 대상들은 뭔가 불쾌한 것을 신체에 남길 것이다.

우리가 느끼는 모든 감각이 신체적 지표를 유발할 수 있다. 당신은 전화선 저쪽에서 들려오는 어느 특정한 목소리를 듣자마자, 자신의 얼굴 표정과 뱃속의 느낌이 갑자기 막 달라지는 것 만 같은 경험을 한 적이 있었을 것이다. 또한, 상대방의 이름이 미처 생각나지도 않는데, 그와의 마지막 만남의 기억은 또렷이 되살아나는 경험도 있을 것이다. 이들은 모두 특정 목소리에 대해 신체적 지표가 반응을 한 것이고, 혹시 상대방이 모르는 사람일 경우였다면, 당신이 과거에 경험했던 그와 유사한 목소리에 대한 신체의 반응인 것이다. 신체적 지표가 어떻게 작동하는지 설명하기 위해 나는 가끔 내 강의 시간에 음악을 틀어준다. 대부분의 사람들은 음악과 관련이 된 강력한 신체적 지표를 가지고 있다. 비틀즈의 '컴 투게더' 는 1960년대나 70년대에 대부분 대학생이었던 청중들에게 즐거움을 선사해 준다. 이때 많은 이들이 이 노래를 듣는 동안, 마리화나 냄새와 약간 몽롱해지는 느낌을 상기시켜주는 신체적 지표를 인정 때로는 마지못해서도 하게 된다. 이렇게 신체적 지표는 실제로 아주 강력한 것이다.

그렇다면, 신체적 지표의 목적은 무엇이며, 이것은 마음챙김과 어떠한 연관성이 있는가? 다마시오는 신체지표로 인해 과거 기억에서 남겨진 자취가, 주로 우리의 인식 후방에서 활동을 하면서 미래의 의사 결정을 인도한다고 믿는다. 신체 반응을 평가하는 마음챙김의 한 장치인 '마음챙김 측정기 mindful gauge' 를 개발하여 잘 사용한다면 자신의 신체지표를 의식적인 것으로 만들어 의사결정을 하는 데에 도움을 받을 수가 있다.

본장의 시작 부분에 나온 베리의 상황으로 돌아가 보자. 이제, 그는 음식을 보거나 상상하면서도, 그것이 먹어도 좋은 음식인지 결정하는 데에 익숙해졌음을 주목할 필요가 있다. 이것 역시 다마시오의 의사 결정에 관한 이론과 일치를 하는 것이다. 효과를 예측하기 위해서 무언가를 직접 먹어보거나 행동으로 옮길 필요는 없다. 다만, 현재의 의사결정의 요소들은 과거의 이와 유사한 어떤 것의 신체적 지표를 가지고 있다는 사실을 염두해 두어야 한다. 보통 이러한 과정은 무의식적으로 일어나지만, 마음챙김 명상을 이용하여 자신에게 영향을 미치는 요소들과거와 현재을 점점 뚜렷하게 깨달을 수 있다. 즉, 새로운 결정을 해야 하는 상황에 직면할 때 나타나는 반응이 그것이 신체적인 반응인지, 기억에 관련된 이미지인지 아니면 일반적인 감정인지 등을 구별할 수 있다는 말이다. 이러한 방식으로 마음챙김은 트라우마 치유에 관한 결정 – 방향, 전략, 시기 등 – 을 내릴 때에도 적용될 수 있다. 한마디로, 마음챙김을 이용해서 당신의 신체적 지표가 선택을 내리는 데 도움이 되는 잠재적 가능성을 일으킬 수가 있다.

열쇠의 발견 (재니스의 사례에서 계속)

재니스의 신체 접촉 딜레마는 쉽지 않은 문제였다. 그에 대한 해결책도 이것 아니면 저것 이란 식으로 단순하지만은 않아서, 결국에는 양 극단 사이의 균형을 찾는 데에 그 해답이 있었다. 나는 마음챙김 명상법이 타협을 통해 재니스가 자신의 길을 찾는 강력한 도구로 사용될 수 있다고 추측했다. 만일, 내가 타인과 접촉을 할 때 발생하는 느낌과 거기에 대한 신체의 반응을 구별하는 방법을 마음챙김이 도와준다면, 어떤 경우에는 그럭저럭 견딜 수 있고, 또 어떤 경우에는 가만히 있을 수 있는지, 그리고, 또 어떤 경우에 자신의 의식이 멀리 달아나는지를 구별할 수 있으리라 여겼다. 아울러, 여러 사람과의 다양한 접촉과 자신과 다른 사람의 마음과 기분의 변화를 주의 깊게 관찰함으로써, 자신의 반응이 어떻게 달라지는지 알게 될 것이라고도 생각했다. 마음챙김의 여정에 오르게 만들어 주는 것은 신속한 해결책의 제시가 아니라, 신중한 조사와 연구를 재니스에게 요구하는 것이었다.

앞서 거론했듯이, 마음챙김은 감정, 생각, 충동뿐만 아니라 몸과 몸의 감각 또한 주의 깊게 돌보는 것을 포함한다. 재니스는 이러한 인식들을 통하여, 자신만의 '마음챙김 측정기mindful gauge' 를 작동시키는 법을 배웠다. 그리고 그 측정기를 사용하여, 접촉에 대한 자신의 딜레마와 협상을 벌이기 시작했다. 최초의 과정은 다음의 몇 가지 단계로 나뉘어졌다.

첫 번째 단계는, 의사결정이나 선택에 집중할 때, 어떤 신호가 가장 분명하게 느껴지는지를 구별하는 데에 집중했다. 나는 그녀에게 첫째 주는 무엇을 입거나 먹을지 결정하는 것 같은 일상의 단순한 일들에 주의를 집중하라고 요청했다. 이런 기본적인 선택사항은마음챙김의 영역에서 기술을 발전시키는 훈련의 토대가 되는 역할을 할 수 있다. 먼저, 나는 우리가 방에 함께 앉을 때, 그녀로 하여금 편안한 장소를 고르게 하는 연습을 했다. 방과 내가 앉은 위치와 관련하여, 그 간격과 위치를 바꿔가면서 의자를 이리저리 옮겨서 앉아 본 다음, 그 다음에 몸의 감각과 생각, 기분이 어떻게 변화하는지 느껴보라고 요청했다. 대여섯 번의 다양한 시도 끝에, 그녀는 뱃속에서 느껴지는 감각과 심장 박동의 변화를 일일이 구별하기에 이르렀다. 그녀가 나를 정면으로 보며 마주 앉았을 때는 그녀의 심장 박동이 빨라지면서 뱃속이 뒤틀리는 것을 느꼈고, 마음속에 겁에 질린 토끼 한 마리를 보기도 하였다. 의자를 한 발자국 뒤로 물리면서 오른쪽으로 조금 방향을 틀자, 그녀는 맥박이 약간 천천히 뛰기 시작하는 것을 알았다. 동시에, 뱃속의 뒤틀림도 가라앉았고, 마음속의 토끼도 행복하게 보인다고 하였다.

대여섯 번에 걸친 구별된 측정이 끝난 후, 나는 재니스에게 감정적 위험 부담이 거의 없는 상황에서 연습을 계속하라고 숙제를 내 주었다. 그 다음 한주 동안, 그녀는 심장박동과 복부감각, 그리고 그녀 마음속의 토끼 이미지를 이용하여, 어떤 TV 프로그램을 볼지, 어떤 치약을 쓸지, 점심을 주문하여 먹을 것인지 아니면 집에서 준비해 가져갈 것인지 등을 결정하는 연습을 하도록 했다. 타인과의 접촉 문제 때문에 노심초사하는 그녀에게는 이런 일들이 조금은 단순하게 느껴졌지만 감정 고조의 위험이 거의 없는 상황에서 측정기의 변동을 잘 분별하게 된다면, 스트레스가 많은 상황에서도 능숙하게 해 나갈 것이라는 나의 의견에 그녀는 동의를 하였다. 나는 이 훈련을 수영장에서 수심이 가장 깊은 곳에서 수영하는 법을 배우기 전에, 단지 발차기나 거품을 내는데 시간을 보내는 즉, 얕은 물에서 먼저 수영하는 법을 배우는 것에 비유를 했다. 이 비유가 그녀에겐 타당한 것으로 받아들여졌기에, 그녀는 기꺼이 어려움을 참고 견디어 가면서, 자신만의 측정기를 능숙하게 사용하는데 일주일 정도를 보냈다.

재니스를 다시 만났을 때, 그녀는 훨씬 더 자신감에 차 있었다. 그리고 그때, 그녀는 '마음챙김 측정기'를 이용하여, 자신이 가진 접촉의 문제를 공격할 때가 됐다고 느끼고 있었다. 첫 번째 작업은, 그녀가 참을 수 있었던 접촉과 참을 수 없었던 접촉의 유형을 그녀가 감당해 낼 수 있는지를 구분하는 것이었다. 이 과정을 촉진시키기 위해 재니스는 자신이 믿을만한 친구를 데려왔다. 또한, 그녀는 집에서 연습한 측정기에 중점을 두면서 현재 상태를 인식하는데 마음챙김을 이용하기 시작했다. 그녀는 자신의 치료가 시작 되었다는 하나의 ' 출발선 '을 인식함으로써, 상황이 돌변할 때에도 대비를 할 수 있었을 것이다. 그러나 내가 예상했던 대로, 그녀는 이 도전에 약간의 불안감을 내 보였다. 그녀는 심장박동이 약간 증가하는 것을 느꼈고, 그녀 마음속 이미지인 토끼는 흥미를 보이면서도 동시에 경계의 눈빛을 띠었다.

재니스는 친구에게 안아달라는 요청을 했다. 친구가 그녀를 안아주자, 재니스는 즉시 멍해지고 정신이 몽롱해졌다. 세 번째 측정기인 '해리 dissociation'가 발생한 것이 명백해지는 순간이었다. 재니스는 심지어 나의 질문을 듣고 있지도 않았다. 내가 재니스의 친구에게 원래의 출발점으로 물러서달라고 요청하자, 재니스는 천천히 원기를 찾으면서 본래의 상태로 되돌아왔다. 이는 그녀가 접촉에 대해서 양가감정 兩價感情, ambivalence을 가지고 있다는 사실을 보여주는 극적인 장면이었다. 후에 이 일에 대한 토론을 할 때, 재니스는 정신이 아찔해지는 것 같았다는 표현으로 당시의 심정을 묘사 했다. 그녀는 나와 나의 방을 보고 있었지만, 내가 하는 말을 제대로 알아들을 수가 없었다고도 말했다. 그녀가 포옹을 요청하기로 결심한 것에 대해 검토를 하는 과정에서, 나는 재니스가 훈련이 잘된 측정기를 사용하지 않았다는 사실을 깨달았다. 그녀는 자신이 원한다고 생각했던 것에 뛰어들었으나, 그 생각에 대한 본인의 반응은 점검하지를 않았던 것이다. 내가 이 첫 번째 실험을 완벽한 성공이라고 부르자 그녀는 깜짝 놀라는 반응을 보였다. 비록 완전한 해리dissociation를 경험 하기는 했지만, 그녀는 아주 유용한 교훈을 얻은 셈이다.

얼마 지나지 않아, 재니스는 다음번에는 도움을 요청하기 전에 먼저 마음챙김 측정기를 점검해야 한다는 것을 깨달았다. 따라서, 그녀는 친구에게서 몇 걸음 떨어진 곳에 혼자 앉아 자신이 친구와 포옹하는 것을 한번 상상해보았다. 정신이 해리되는 느낌은 없었으나, 심장이 뛰고 밑바닥이 복부에서 떨어져 나가는 걸 그녀는 느낄 수 있었다. 그녀 마음의 토끼 이미지는 너무나 놀라 얼어붙은 것 같았다. 이 반응은 그녀에게 포옹하는 그 순간이 너무 위험하다고 말을 해주는 것이었다. 그녀가 이렇게 포옹이 위험하다고 느낀 이유에는 내가 관찰자로 있다는 그 상황이 압박감으로 다가왔을 수도 있고, 그녀의 심리 및 신체 체계가 일반적인 포옹에 아직 준비가 되지 않은 것 일 수도 있었지만 사실, 그 어느 것도 실질적인 문제가 되는 건 아니었다. 그녀의 마음챙김 측정기는 "안돼, 지금은 아니야!" 라고 분명히 말하고 있었다.

재니스는 슬픔을 느꼈다. 포옹은 하고 싶었지만, 자신이 해리되는 느낌은 견딜 수 없을 것만 같았다. 그녀는 절망스러워 했다. 그러나, 나는 그녀에게 우리는 지금 막 시작했을 뿐이고, 포옹 외에도 신체접촉에는 많은 유형이 있다는 걸 상기시켜 주었다. 나는 재니스에게 종류와 정도가 다른 여러 유형의 접촉들 즉, 예를 들어 악수, 어깨나 등에 손을 얹기, 나란히 혹은 서로 등을 맞대고 앉아 있기, 발 만지기 등을 상상해보라고 격려했다. 위의 것들을 한 번씩 해본다고 상상하면서, 다시 한 번, 마음챙김 측정기에 주의를 기울이라고 했다. 상상과 함께 측정기 모니터링을 몇 분간 한 후에, 재니스는 수줍게 웃으면서 친구에게 자신의 왼쪽 어깨에 손만 살짝 얹어달라는 부탁을 했다. 친구가 그녀의 어깨에 살짝 손을 얹자, 재니스는 한숨을 쉬었고 그녀의 눈은 충혈이 되었다. 그러나, 그녀는 해리되지 않았다. 이 접촉은 그녀의 측정기 심장박동은 꾸준하게 유지됐고, 복부도 괜찮았고, '토끼 이미지도' 조용해 보였다 로선 쉬운 것이었다. 그러나 자신의 일부가 이보다 더 많은 걸 원한다는 것을 그녀 스스로 인지하고 있었기에, 그녀는 슬픔을 느꼈다. 하지만 그럼에도 불구하고, 어깨의 접촉을 참을 수 있었다는 데에 그녀는 기쁨을 느꼈고, 불안에 질리거나 아찔함을 느끼는 그러한 감정 없이도 친구의 접촉을 느끼는 게 얼마나 많은 것들을 의미하는지에 대해서 그녀는 감격해 했다.

그날, 재니스는 두 가지에 자신이 성공을 했다고 느꼈다. 첫째, 자신의 측정기를 신뢰할 수 있게 된 것과 둘째, 자신이 해리되지 않고도 접촉하는 방법을 발견하는 데 측정기를 이용했다는 사실이었다. 대체적으로, 그녀는 자신을 자랑스러워했고, 이것이 마지막 단계가 아니라 겨우 첫 번째 단계라는 데에도 동의를 했다. 재니스에 대해 더 많은 걸 알고 싶다면, '세 번째 열쇠' 장을 보라.

자신에게 적용하기

무엇보다, 당신은 트라우마 치유를 위해 이 '첫 번째 열쇠' 를 자신에게 적용할 준비가 됐는가?

- 여기에서 말하는 개념이 이해가 되는가?
- 이 장을 읽어나가면서, 안정감과 편안함을 느꼈는가?

위 질문에 대한 답이 기본적으로 긍정적이라면, 십중팔구 당신은 이를 실행할 준비가 된 것이다. 그러나, 만일 그 개념들이 이치에 맞지 않는 것으로 받아들여지거나, 이 장을 읽으면서 스트레스를 느꼈다면, 아래의 연습을 미루거나 건너뛰는 게 최선일 것이다. 혹은 또다른 대안으로는, 한 번에 한 가지 실전연습을 읽은 후에, 그것을 실행에 옮기기 전, 다시 한 번 위의 질문을 해보는 것이다. 뒷장에서도 마음챙김 측정기를 적용하는 제안들이 계속 나오기는 하지만, 이것들을 꼭 활용하도록 강요하는 것은 아니다. 중요한 것은, '실전' 에 뛰어들기 전, 오롯이 나만의 시간을 가지면서 제시된 '샘플' 들을 조금씩 뜯어내 그 맛을 보는 것이다. 앞선 도입부분에 이미 언급 한바 있는, '새로운 생각을 곱씹어본다' 는 덴마크인들 같이 말이다.

자, 이제 준비가 됐다면, 트라우마 치유에 대한 당신의 의사 결정을 도와줄, 또한 이 책의 어느 '열쇠' 와 실전연습이 당신에게 유용할지에 대한 최종 결정을 안내해 줄, 하나 혹은 그 이상의 측정기를 찾을 차례이다. 다음 장들에서는 마음챙김 측정기를 식별하고 사용하는 데 필요한 기술을 쌓는 연습에 할애되어 있다.

게다가 매 장이 끝날 때마다, 그 장에서 제시하는 '열쇠'가 당신에게 쓸모 있고 이로운지를 평가하기 위해, 당신만의 측정기를 작동시키는 연습을 하게 된다. 연습을 하고 나면 당신만의 측정기를 사용하고 싶은 생각이 들 수도 있고, 상상을 통해 측정기를 사용하는 연습을 해볼 수 도 있다. 접촉의 유형을 마음속으로 그려보는 재니스와, 먹기 전에 미리 상상을 해보는 베리처럼 말이다. 직접 실행해보지 않고도 내게 도움이 되는지 또는 도움이 되지 않는지를 미리 예측하는 연습을 하는 것도 좋은 방법이다. 자신에게 맞지도 않는 치료 프로그램에 그렇게 많은 투자를 하기 전에, 마사가 이것을 배웠더라면 얼마나 좋았을까?

당신의 마음챙김 측정기는 아주 독특한 것이다. 이는 아무도 남의 측정기에 대해 말할 수 없다는 뜻이다. 그리고 이런 나만의 독특한 측정기를 발견하는데 유일하고도 가장 좋은 도구가 바로 마음챙김 명상이다.

재니스의 경우, 세 종류의 측정기를 발견했지만, 이외에도 수없이 많은 측정기들이 있다. 아래에 그 예를 들어놓았다. 당신만의 독특한 측정기를 발견하기 위해, 저자의 예를 영감으로 이용하기 바란다. 그리고, 여기에 언급되지 않은 것을 당신이 발견한다고 해서 놀랄 필요는 없다. 재니스의 경우처럼, 심장박동과 복부의 감각과 같은 신체의 변화에 주의를 기울인다면, 유용하게 사용할 수 있기 때문이다. 신체의 어느 곳에서건 당신은 변화를 감지할 수 있다.

• 시력 – 시각적 인식(초점, 선명함, 천연색)의 모든 변화에 주목한다.

• 청력 – 주위에서 나는 소리 더 큰, 부드러운, 선명한, 흐릿한가 어떻게 인식되는지, 다 양한 가능성에 주목한다.

• 근육의 긴장도 – 몸의 어느 부위에서 근육의 긴장이나 느슨함의 변화가 느껴지는가?

• 호흡 – 숨의 깊이 뿐 아니라 호흡이 어디로 가는지를 주목한다.

• 온도 – 몸이 따뜻해지거나 차가워지는 것인데, 신체 모든 곳이나 혹은 특정 부위에서, 예를 들어 손이 가려워지거나 얼굴이 뜨거워지는 걸 느끼는 것이다.

• 다양한 감각들 – 예를 들어, 시작되었다 사라지기를 반복하는 따끔거림이나 압박감등이 있다.

* 주의해야 할 점: 신체 감각에 집중하는 것이 스트레스와 불안을 일으키고 해리를 가져온다면, 마음챙김의 다른 측면을 이용해 측정기를 찾을 수도 있다 (아래의 예).

마음챙김의 다른 근거들- 느낌, 생각, 그리고 이미지들-을 고려할 수 있다는 사실을 기억하라. 그리고 당신은 눈앞에서 펄럭거리는 마음속 특정한 이미지(재니스의 토끼를 생각하라)를 발견할 수도 있는데, 그것은 소리에 관한 이미지일 수도 있고, 머리를 스치고 지나가는 노래나 시 같은 것일 수도 있다. 당신은 또한 분위기나 생각의 변화에 주의를 기울일 수도 있다. 안타깝게도 그 많은 항목들을 여기에 다 적을 수는 없는 노릇이다. 그러므로, 당신만의 고유한 측정기는 저자가 기록한 것들과 다른 무엇이 될 수 있다는 가능성에 문을 활짝 열어 두는 것이 중요하다. 그러나 무엇보다도 가장 중요한 것은 당신만의 마음챙김 측정기가 무엇인지를 발견하는 것이며, 측정기의 변화가 나타내고자 하는 것이 무엇인지를 구별하는 것이다.

위험의 여지가 전혀 없는 임무나 상황 속에서, 새로운 도구를 시험하는 건 언제나 가장 좋은 방법이다. 재니스가 한 것과 똑같은 방법을 시도해보라. 즉, 당신이 입는 것과 먹는 것, T.V 프로그램을 선택하는 것이다. 그리고 선택의 유형에 따라 각기 다른 측정기를 발견한다고 해서 놀라지는 말라. 예를 들어, 당신이 무엇을 먹을지 결정할 때는 복부의 신체 감각이 가장 강하게 느껴질지 모르나, 입을 옷을 결정할 때 가장 영향을 주는 것은 기분mood인 것이다.

아래의 실전연습들은 당신이 마음챙김 측정기를 발견하고 연습하도록 고안이 되었다. 가끔 측정기를 사용하는 걸 잊었거나 잘 작동되지 않더라도 좌절하지 말라. 새로운 기술은 그것을 사용하는 과정에서 더 쉬워지고 습관이 되기 마련이기 때문이다. 안정적인 기분을 가지고 있을 때 실전연습을 많이 해두면, 어렵고 불편한 상황 속에서도 그 측정기를 이용할 가능성이 더 커지게 된다.

* 주의 : 아래의 실전 연습들은 눈을 뜨고 해도 되고, 반대로 감고해도 된다. 그리고 이에 대한 확신이 서지 않는다면 건너뛰어도 무방하다. 그렇게 하면서 어느 것이 내게 최선인지를 느껴보는 것이다.

실전연습 1

마음챙김의 기초를 닦으라.

당신에게 가장 좋은 마음챙김 측정기는 무엇인가? 다음의 어느 것에 집중할 때에 가장 잘 해낼 수 있다고 생각하는가?

- 신체 감각
- 기분
- 느낌
- 생각
- 마음의 이미지

답을 이미 알고 있는 사람들은 이 연습을 건너뛰고 싶을 것이다. 자신의 가장 좋은 측정기를 아직 모르는 사람들은 위의 것들을 하나씩 실험해 보면서 찾아낼 수도 있다. 먼저 위의 보기에서 하나를 고른 다음 예 : 감각들, 느낌들, 마음속으로 실험을 해 본다.

- 뭔가 따뜻한 걸 마신다고 상상하라. 측정기의 변화에 주의를 기울인다.
- 뭔가 차가운 걸 마신다고 상상하라. 측정기의 변화에 주의를 기울인다.
- 어느 의자에 앉을지 결정하는 시간을 갖는다. 두 가지 혹은 그 이상의 가능성에 대해 시도하는 걸 상상하면서, 측정기의 변화에 주의를 기울인다. 앉는다고 상상할 때와 실제 앉을 때의 느낌이 어떻게 다른가?

• 배가 고플 때, 두 개의 대안 예를 들면, 사과나 오렌지을 선택한다. 한 입 먹기 전에, 먹는 걸 상상해보고 측정기에 어떤 변동이 있는지 본다. 다른 하나도 똑같이 해본다. 결국 어느 것을 먹게 되는지 주의를 기울이면서, 결정의 근거가 무엇이었는지 분간하는 시간을 가진다. 예상했던 것과 실제 반응이 어떻게 다른지 감지한다.

한 가지 측정기를 시도해 본 후 예를 들면, 기분에 계속해서 다른 것들을 시도해보라 예를 들면, 신체의 감각들. 그러나 한 번에 너무 많은 시도를 함으로써 금세 싫증을 느끼고 질릴 필요는 없다. 한 가지를 시도해보고 나서 같은 것을 또다시 시험해 본 후에 다른 것을 시도해도 좋다. 궁극적으로 위의 모두를 시도 해보거나 당신만의 실험을 만드는 것이 좋은 것이 될 것이다. 어떤 측정기든 당신만의 것을 발견하고 그것을 포함하면서 계속 추적해 나가야 한다는 사실을 잊지 않도록 하라.

가장 믿을만한 마음챙김 측정기는 식별하기 쉽고, 분명히 알아차릴 수 있는 변화가 있는 것들일 것이다. 예를 들어, 부정적인 반응이 나타날 때 당신의 심장 박동이 항상 상승하고, 기분 좋은 반응일 때 심장 박동이 내려가거나, 또는 뭔가를 하거나 먹을 때 항상 기분이 좋으면서 일정한 어조의 소리가 들린다면, 혹은 그 반대의 경우에 일정한 또 다른 어조가 들려온다면, 그것들은 신뢰할 만 한 것이다. 당신만의 측정기를 발견하는 유일한 방법은 많은 가능성을 실험해보는 수밖에 없다. 그러한 고생을 굳이 할 필요성이 있는 것은, 당신이 당신에게 잘 맞는 측정기를 찾아 이를 잘 활용한다면, 그만큼 당신의 치유에 기여를 할 것이기 때문이다.

실전연습 2

양호한 선택으로 측정기를 연습하라.

새로 발견한 측정기를 시험할 때, 측정기와 관련된 위험이 거의 없는 선택들로 시작을 하라. 예를 들어, 아침 식사로 어떤 씨리얼을 먹을까? 오늘 코트나 스웨터를 입어야 하나? 와 같은 선택들 말이다. 선택 사항에 측정기를 적용 시키려면, 일단 그 선택 사항을 고려하거나 상상하는 데에 몇 초를 할애해야 한다. 그리도 그렇게 하면서 최종 결정을 돕기 위해, 측정기가 어떻게 변화해 나가는지에 대한 주의를 기울여야 한다.

이런 방법을 모든 종류의 음식에 적용할 수 있다 – 마음챙김을 이용하여, 각 선택에 대해 몸이 어떤 반응을 일으키는지 모니터하라. 어떤 음식이 나를 더 안정적으로 만들고, 어떤 것이 자극적이고 초조함을 느끼게 하는지를 감지하라. 음식에 대한 반응은 천차만별이다. 예를 들면, 어떤 사람은 사과나 감자를 먹고 난 뒤 매우 안정감을 느끼지만, 베리처럼 불안감을 느끼는 이들도 있다. 또한, 아무것도 느끼지 못하는 사람들도 많이 있다. 먹는 것에 마음챙김을 적용한다면 어떤 음식이 당신의 트라우마 치유에 아군이 될수 있을지를 발견할 수가 있다.

더 많은 주의를 기울이게 될수록, 예전에는 인식하지 못했던, 신체지표에 기반을 둔 측정기를 추가로 발견하게 될 것이다. 그러나 만일, 이런 일이 일어나지 않는다고 하더라도 실망할 필요는 없다. 어찌되었건, 당신의 신체 지표가 작동하고 있다는 사실만 확신하면 된다. 그러나 어떤 것이라도 나타나면, 그에 대해 주의를 기울이라.

실전연습 3

더욱 적절한 선택사항들로 측정기를 가동하라.

일단, 쉬운 상황에서 측정기를 사용하는 데에 어느 정도 능숙해졌다고 느껴진다면, 좀 더 어려운 상황에서 테스트를 해보자. 이것은 재니스가 사용한 방법으로, 그녀는 측정기를 이용하여 자신이 견딜 수 있는 접촉의 종류를 결정했었다. 그녀가 먼저 여러 장면을 상상해 본 뒤, 자신에게 가장 편안한 반응을 주었던 이미지에 근거하여 하나를 선택했다는 것을 잊지 말기를 바란다.

일상생활에서 약간의 위험요소가 있는아주 위험한 것은 아직은 아닌 어떤 것을 선택한 뒤, 여러 가능성을 상상해보라. 그것은 당신이 사고 싶은 어떤 것일 수도 있고, 한 친구를 저녁에 초대할지 결정하는 문제일 수도 있다. 그리고 이 선택을 하는 데에 마음챙김 측정기를 사용하라. 측정기를 실행한 후, 당신의 측정기가 얼마나 정확했는지를 평가해보라. 이것이 성공적이었다면 더 위험한 상황을 시도해도 좋다. 그러나 결과가 좋지 않게 나왔다면, 그 단계들을 검토해보고 측정기에서 당신이 놓친 뭔가가 있는지 점검해보라. 그리고, 좀 더 어려운 단계로 나아가기 전에, 그것을 위한 또다른 측정기가 필요한 것은 아닌지를 점검해보라.

실전연습 4

치유 과정을 구상하기 위해 측정기를 가동하라.

이제 준비가 되었다면, 당신은 다음 단계를 결정하거나 치유를 위한 전략, 수행, 또는 방향을 결정하는데 마음챙김 측정기를 적용할 수가 있다. 그리고, 본서의 목차로 돌아가 치유를 위한 다른 '열쇠' 들을 하나하나 곰곰이 생각해 보기를 바란다. 어떤 것이 나의 측정기에서 가장 긍정적인 반응을 일으키는지를 주목하라. 다음 장일 수도 있고 마지막 장일 수도 있다. 첫 장부터 읽어나가거나 한번 죽 훑어보는 것도 좋은 생각이지만, 꼭 순서대로 적용할 필요는 없다. 측정기를 안내자로 이용하면서, 옳다고 느껴지는 순서를 따르라. 다시 말해서, 자신이 겁이 나는 주제나 연습은 뒤로 미루고 가장 편안하게 느껴지는 것부터 시작해도 좋다는 말이다. 한 장이나 그 이상을 송두리째 건너뛰어도 무방하다. 그렇게 함으로써, 당신에게 가장 안전한 트라우마 치유를 당신 스스로가 주관하는 것이다.

첫 번째 열쇠에 대한 평가

본장의 서두에서, 나는 독자들이 자신만의 독특한 필요와 상황을 충족시키는 가장 안전한 치유 프로그램을 평가하고 계획하는데 한 개, 혹은 그 이상의 마음챙김 측정기를 사용하게 되기를 바란다고 언급 했다. 그리고 그것을 이제 시작할 때가 되었다.

지금까지 해온 연습을 검토하고 측정기에 집중하면서 몇 분의 시간을 가져보라. 어떤 결과가 긍정적 방향으로 기울어 있고 또 어떤 결과가 부정적 방향으로 가 있는가? 당신의 평가를 토대로 할 때, 어떠한 연습과 전략들은 반복을 하고 싶고, 또 어떤 것들은 하고 싶지 않은가? 이에 대한 평가의 결과가 뒤에 등장하는 다른 연습들을 선택하는데 영향을 미칠 것이라고 생각하는가? 만약 그렇다면, 어떻게 영향을 미칠 것이라고 생각하는가?

첫 번째 열쇠를 어떻게 사용할 것인가 (혹은 사용하지 않을 것인가)를 계획하기

이 열쇠는 당신을 위한 것인가? 만일 그렇다면 왜 그렇고, 반대로 그렇지 않다면 왜 그렇지 않은가? 앞으로 이 첫 번째 열쇠를 이용할 것인지 아닌지를 고려해보라. 어떤 종류의 상황, 어떤 종류의 딜레마에서 이 첫 번째 열쇠가 가장 유용하게 쓰일 것 같은가?

사람들이 새로운 도구에 처음에는 열광하다가 나중에는 뜸해지면서 잊어버리는 것은 흔히 있는 일이다. 나는 이런 경향을 나의 개인적 영역과 전문적 영역 둘 다에서, 그리고 나 자신과 다른 사람들에게서 확실히 보아왔다. 마음챙김 측정기를 이용하는 것이 이득이 된다는 사실을 알았다면, 필요할 때 어떻게 기억할 것인지를 계획하라. 예를 들자면, 욕실의 거울에 메모를 붙여놓거나 손바닥에 상징을 그려 넣거나, 혹은 자신에게 음성 사서함을 남기는 방법 등이 있다. 측정기를 기억하기 위해 어떠한 전략을 사용하는가는 문제가 되지 않는다. 그저 당신의 기억을 상기시키고, 적절하고 유용한 곳에서 측정기를 계속 사용하도록 도와줄 그 한 가지만 가지고 있으면 된다.

보충설명 : 마음챙김과 상식

나는 종종, "마음챙김이 나에게 '아니오' 라고 말하는 건지 아니면, 단지 내가 두렵거나 저항을 하는 것인지 어떻게 알 수가 있나요?"라는 질문을 받는다. 이때 하는 나의 대답은 아마도 당신을 놀라게 할지도 모른다. 사실, 나는 그 차이가 중요하다고 생각하지 않는다. 당신의 마음이 아니라고 강하게 말할 때에는 거기에는 반드시 그럴만한 이유가 있는 것이다. 중요한 결정을 내릴 때, 마음챙김이 그에 주요한 기여자임은 틀림없지만, 그러나 그것이 유일한 요소일 필요는 없다. 다만, 일반적으로 이용 가능한 지식과 상당한 양의 상식이 마음챙김과 결합되어야만 한다. 때때로 마음챙김이 주요 기여자일 수도 있고, 또 어떤 때에는 상식이 주도적인 역할을 할 수도 있다. 다음의 이야기는 마음챙김과 지식, 그리고 상식이 적절히 혼합된 나의 사적인 사례이다.

나의 사례

마흔 한번째 생일을 맞이하기 직전에 나는 급성 맹장염을 앓았다. 어느 늦은 밤 응급실에서 확진을 받은 후, 그 다음 날 아침 일찍 수술을 받기로 예정되어 있었다. 수술을 한 번도 받아본 적이 없었던 나는, 기다리는 동안 끔찍한 공포에 시달렸다. 나의 모든 측정기가 수술을 원하지 않는다고 비명을 질러댔다. 반면에, 나의 모든 상식은 비록 두렵긴 하지만, 의사의 제안에 반드시 따라야 한다고 말을 했다. 모든 수술은 위험을 수반하기에 나의 측정기가 머뭇거리는 것은 당연했다. 하지만, 맹장염을 치료하지 않고 방치할 때의 결과에 대한 의학적 기본지식에 근거한 나의 상식은 수술이 최선의 선택이라고 나를 설득시켰다. 그렇다고 내가 마음챙김 측정기를 무시한 것은 아니었다. 사실, 나는 내부의 비명에 많은 주의를 기울였고, 응급실 의사와 수술담당 의사, 마취과 의사와도 나의 걱정과 두려움에 대해 이야기를 나눌 수도 있었다. 그들의 능력은 말 할 것도 없거니와 당시에 그들이 나의 감정에 대해 보여준 지지와 존중심은 잠재적으로 정신적 외상을 초래할 수도 있었던 그 상황을 저자가 감당하도록 도와주었을 뿐만 아니라, 수술을 성공적으로 이끌어 내기도 했다. 물론, 이것은 전문가들의 공이 컸지만, 한편으론 상식과 마음챙김에 집중한 나의 덕이기도 했다.

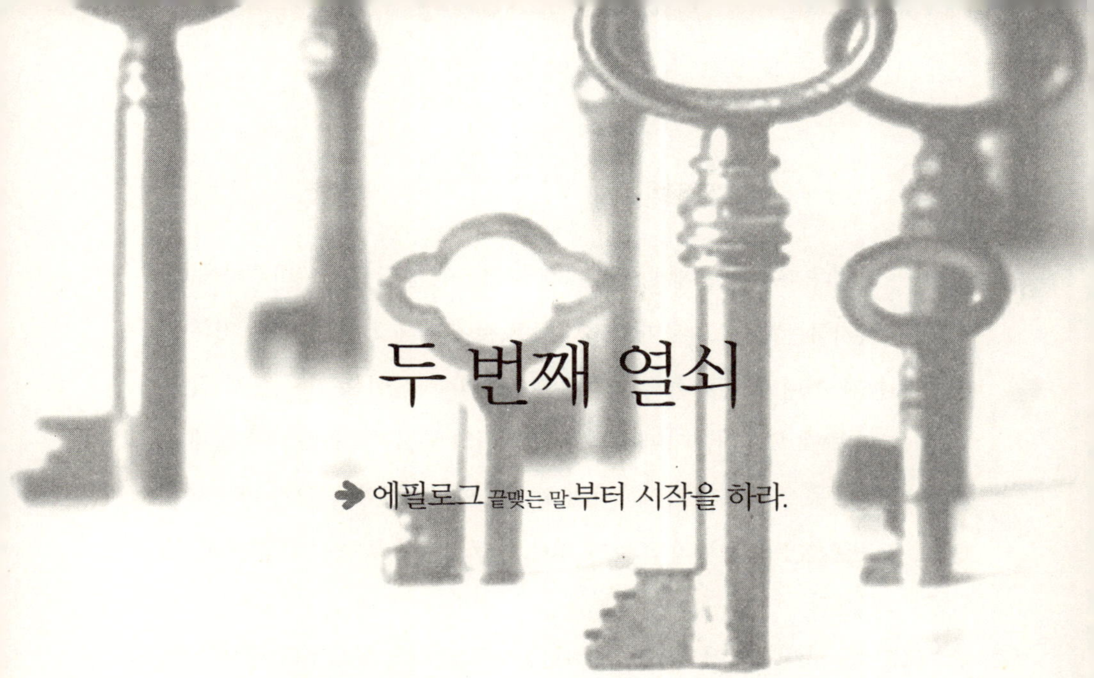

두 번째 열쇠

➔ 에필로그 끝맺는 말 부터 시작을 하라.

나를 파괴하지 못한 것은, 나를 더 강하게 만든다. – 니이체

과거의 트라우마가 아직도 일어나고 있다는 몸과 마음의 잘못된 인식이 외상후스트레스장애(PTSD)를 구별 짓는 주요한 특징이다. 본장에서는, 마치 과거의 트라우마가 계속되고 있는 것처럼 느낄 때, 당신의 뇌 속에서는 실제로 무슨 일이 벌어지고 있는지를 이해하도록 도울 것이다. 본장에서는 또한, 트라우마를 입은 상황에서 '당신은 살아남았다' 라는 사실적이고 진정한 결론을 당신이 깨달을 수 있도록 도와줄 것이다. 더불어, 앞으로도 계속 '살아남을 수 있도록' 당신을 도와줄 내부적 및 외부적 요인에 주의를 기울이는 것도 배우게 될 것이다.

실질적인 문제

당신은 얼마나 자주 자신에게 또는 다른 사람들에게 당신의 트라우마에 대해서 이야기하는가? 트라우마의 세부적인 것에 대해 묘사를 할 때 기분이 나아지는가 아니면, 사람들과 동떨어진 느낌과 자신이 무너지는 것 같은 느낌을 더 받게 되는가? 아마도 당신은 당신의 뇌를 향해, 자신이 실제로 일어났던 일을 완벽하게 기억하지 못하는 데에도, 왜 계속 화가 나는지에 대한 이유를 설명해 달라고 조르며, 흩어진 조각들을 맞추려 애를 쓰고 있는지도 모른다.

트라우마에 대해 이야기 할 때, 대개는 그 사건의 발생부터 시작을 한다. 심리치료사나 친구들은, "무슨 일이 있었는지 말해보세요." 라고 말을 한다. 자조self-help를 돕는 책들은 모든 세부사항을 기술하라고 지시하고 있다. 그러나, 너무나 빈번히 당신은 시작이나 중간에서 막히고, 끝 부분에는 거의 도달하지도 못하게 된다. 당신이 도망칠 수 있는 한 최대한 멀리 도망을 갔거나, '지진' 이 멈추었거나, 트라우마를 일으킨 가해자가 흥미를 잃었거나, 앰블런스가 도착했기에 트라우마는 끝이 날 수도 있다. 그러나 그것으로 실제 끝이 난 것은 아니다. 어떠한 트라우마든 그 트라우마에 대한 진정한 결론은 당신이 지금, 오늘에 도착해 있다는 사실에 있다. 또한, 지금에 이르렀다는 의미는 당신이 해냈고, 당신이 바로 여기에 있다는 사실이다. 그것이 무엇이었든, 당신은 살아남았다. 바로 그 이유로 인해서, '당신은 살아남았다.' '당신이 해냈다 '는 사실을 기록한 에필로그와 함께, 이 시점이야말로 트라우마의 치유를 시작하는 최고, 최적의 장소가 되는 것이다.

트라우마와 외상후스트레스장애(PTSD)의 신체적 징후에는 과잉각성 hyperarousal, 예를 들어, 과도한 긴장이나 놀람의 과잉반응 같은 것들, 불쑥불쑥 치미는 기억들, 수면과 식습관 장애, 집중력 장애등과 같은 것들이 있다. 외상후스트레스장애(PTSD)의 여부를 부분적으로 결정짓는 것도 이러한 증상들이 일상생활에 어느 정도로 영향을 미치고 개입하는지에 달려 있다. 이러한 모든 신체적 증상에는 매우 중요한 공통점이 있는데, 그것은 이런 증상들은 마치 예전의 사건이 다시 막 발생할 것처럼 지속적으로 행동하는 신경체계의 결과로 인한 것들이라는 점이다. 그리고 이것이 바로 실제로 트라우마는 끝이 났는데도, 끝이 났다고 느껴지지 않는 이유이기도 하다. 피터 르빈 Peter Levine은 그의 책 '호랑이 깨우기Waking Tiger' 에서 이렇게 묘사를 하고 있다.

- 트라우마의 신체 감각들이 마음의 공포 반응을 계속 활성화시키고,
- 마음의 공포반응은 위험에 대항하는 신체의 반응을 활성화 시키는데,
- 이것이 바로 트라우마의 신체적 감각의 근원지이다.

위와 같은 순환은 하나의 '잔인한 고리' 이다. 이 순환에 한번 휘말리면, 당신의 정신과 몸은 마치 트라우마가 계속 일어나거나, 쳇바퀴 돌듯 반복해서 일어나는 것처럼 끈질기게 행동하게 되는 것이다. 이 순환을 깨뜨리는 핵심적 열쇠는 트라우마는 끝이 났고, 사건은 과거에 놓여져 있다는 것을 깨달을 수 있도록 마음과 정신을 '업데이트' 하는 것이다. 여기에서

당신은 에필로그 즉, 당신만의 후기를 작성하는 것으로부터 치료를 시작한다면 트라우마가 끝이 났다는 사실을 인지할 수가 있다.

트라우마에 관한 모든 기억을 처리 이 과정은 세 번째 열쇠 편에서 다시 논의할 것이다 하든 하지 않던 간에, 에필로그 작성부터 시작을 하는 경우에는 어느 쪽을 선택하더라도 그 선택을 감당하기 쉽게 만든다. 즉, 트라우마의 끝을 이미 알고 있다는 자신감과, 현재 살아남았다는 사실이 기타 추가적인 측면들을 훨씬 더 가볍게 만드는 것이다. 극히 드물긴 하지만, 충분한 소화를 거치기만 한다면, 나는 이 간단한 개념이 트라우마를 치유하는데 필요한 모든 것이 된다는 점을 목격한 적이 있다. 그러한 '기적적인 치유' 를 위해서는 적절한 타이밍과 다른 요소들도 물론 고려되어야만 한다. 그러나 그럼에도 불구하고, 에필로그에 집중하는 접근 방법은 강력한 아군을 만드는 것이고, 안전한 트라우마 치유의 핵심적인 요소가 될 수가 있다.

다음은 트라우마 치료에 에필로그부터 시작하는 것의 잠재적 능력을 여실히 보여주는 사례이다. 이렇게 에필로그를 만드는 작업은, 당신의 몸과 마음이, 그리고 당신이 살아남았다는 사실을 어떻게 깨닫고 받아들이는지를 설명해 주는 것이다.

과거에 갇힌 스테파니의 사례

마흔 두 살의 스테파니Stephanie는 자신의 집 뒷마당에 앉는 것이 너무나 무서웠다. 그녀의 정원사가 멋진 모습으로 관리한 정원은 아름다운 풍경을 자랑했지만, 정작 그녀는 자신의 정원을 즐길 수가 없었다. 느긋하게 정원의 아름다움과 평온함을 즐기고 싶을 때면, 그녀는 집 안에서 그렇게 해야만 했다. 거실에 앉아 눈으로만 색들의 혼합과 새와 나비들의 움직임을 따라다녔다. 주말마다 그녀는 멀찌감치 떨어진 곳에 앉아서, 아이들이 잔디에서 놀고 화단을 휩쓸고 다니면서 호스로 물싸움 하는 것을 지켜보기만 해야 했다. 가족 바비큐 파티를 할 때면 그녀는 어떻게 하든지 안에 머물 수 있는 변명거리를 찾아냈다. 샐러드를 준비해야하고, 아이스크림도 퍼야하고, 설거지도 해야 하고, 너무 덥거나 너무 춥거나, 혹은 바람이 많이 분다는 그런 온갖 핑계를 대면서 그녀는 집안에서만 웅크리고 있으려고 했다. 식구들은 모두 그 이유를 알고 있었기에 그 누구도 그녀를 정원으로 나오라고 강요하지는 않았다. 남편과 아이들은 그녀를 진심으로 돕고 싶었으나, 이미 오래전에 포기한 상태이기도 했다.

그녀는 11살 때, 성난 말벌 떼의 공격을 받았었다. 그녀의 아버지는 물을 뿌려가면서 딸을 위험으로부터 안전하게 구출해내었지만, 스테파니의 공황은 진정되지가 않았다. 병원에서조차 그녀는 계속 울부짖었다. "도망갈 수가 없어 ! 제발 좀 구해줘요 ! 도망갈 수가 없어요 !" 응급실 의사는 벌에 쏘인 여러 군데를 치료해주었고, 흥분을 가라앉히는 진정제도 처방해주었지만, 그 후 30여년을 스테파니는 잔디나 꽃, 나무등과 같이, 벌이나 말벌이 있는 곳은 그 어디든, 그 어떤 대가를 치루는 한이 있더라도 꼭 피해 다녔다.

그녀가 나를 처음 찾아왔을 때, 그녀는 가족의 성화에 못 이겨 찾아왔음을 인정했다. 그녀의 남편이 마침내, 이제는 충분히 그럴 때가 되었다는 주장을 굽히지 않으며 그녀의 등을 떠민 것이었다. 비록 식구들이 보내서 오긴 했지만, 그녀 역시 가족들과 함께 간이 의자에 정말로 앉고 싶었기에, 치료를 받는 것이 좋은 생각이라는 데에도 동의를 했다. 우리는 말벌 문제를 취급하는 것의 좋은 점과 나쁜 점에 대해 토의를 했다. 무슨 일이 있었는지 기억하고 안하고는 문제가 되지 않았다. 오히려 과거의 기억이 정기적으로 그녀를 엄습했고, 문제는 그녀의 불안감 이었다. 남부 캘리포니아에는 지천으로 깔린, 날아다니는 곤충과 식물이 있을법한 곳이면 어디든지, 또 야외로 나가려 할 때마다 그녀는 불안감에 사로잡히고 겁에 질려 외출을 하지 못했다. 때로는 공황과 완전한 형태의 플래시백이 엄습을 하기도 했다. 완전히 공황 상태에 빠질 때면, 그녀는 쓰러져 머리를 감싸며 "도망갈 수가 없어!" 라고 계속 소리를 질렀다.

이론의 적용

스테파니의 곤경은 전형적인 트라우마의 사례이다. 그녀의 신체 한 부분은 아직도 과거 11살 때 그녀가 단 한번 겪었던 무서운 장면에 묶여 있지만, 그 외에는 그녀의 신체는 정상인 기능을 한다. 그녀는 왜 밖으로 나갈 수 없었던 것일까?

한 가지 해답은 뇌에서 찾을 수가 있는데, 스트레스가 매우 강한 사건을 겪는 동안과 겪고 난 후의 기억은 우리의 뇌에서 아주 다르게 작동을 한다. 여기에서 신경과학에 대한 약간의 설명을 해 보겠다.

변연계라고 불리는 중뇌midbrain는 두 개의 구조로 되어 있는데, 바로 편도체amygdala와 해마체hippocampus로서 기억과 관련된 특별한 역할을 담당한다. 이들의 기능을 이해한다면, 스테파니의 기억에 무슨 문제가 있는 것인지, 그녀가 왜 밖으로 나가는 것을 두려워하는지 이해가 될 것이다. 그리고 그것이 이해가 되면, 자연히 그녀를 도울 수 있는 방법도 떠오를 것이다. 더불어, 트라우마를 입은 당신도 그렇게 도움을 받기를 바란다. 논의를 간략히 하기 위해서, 위에서 이미 언급한 뇌의 구조와 부분들이 각각 개별적인 주체인 것처럼 인용을 하겠지만, 뇌의 어떠한 부분도 신체도 마찬가지이다 혼자서는 기능을 하지 못한다는 점을 꼭 염두 해 두기를 바란다.

편도체는 뇌의 감정 반응 체계를 주관한다. 이것은 보통, 특정한 사건과 관련된 의식이 끼어들기 이전에, 그 상황에 어떻게 반응해야 하는지에 대해 재빨리 명령을 내린다. 편도체는 신체적 지표를 통해 당신의 삶에서 벌어진 유쾌하고 유쾌하지 않은 모든 경험을 추적한다. 편도체는 사건의

'사실' 을 기억하는 것이 아니라 '느낌' 을 기억한다. 아직 이름도 기억이 나지 않았는데, 전화 건너편에서 들려오는 어떤 사랑스런 음성을 듣는 순간, 당신의 얼굴에 웃음이 퍼지면서 심장주위로 따뜻한 기운이 퍼지는 것은 편도체가 작동하는 예이다. 이미 짐작했겠지만, 편도체는 신체지표 '첫 번째 열쇠' 편을 보라를 기록하고 재활성화 시키는 중추이다.

나머지 뇌 영역인 해마체는 전화하는 사람의 이름이나, 사건이 일어났던 때와 장소와 같은, 느낌이 아닌 사실을 기억한다. 해마체는 중요한 사건에서의 시간의 흐름, 즉, 시작과 중간, 그리고 끝에 대한 기록을 한다. 또한 필요할 경우엔, 해마체는 뇌의 생각을 담당하며 의식적인 사고를 관장하는 피질로 그 '사실' 을 전송하기도 한다. 그러나, 종종 트라우마가 일어나는 동안에, 도망과 대항, 얼어붙기와 같이 생존 반응에 필요한 극단적 단계의 스트레스 호르몬은 해마체가 적절히 기능하는 것을 막기도 한다. 이렇게 되면, 사건의 정확한 시간의 틀이 기록되지 않는다. 기억이 날지도 모르지만, 사건의 순서는 뒤죽박죽이 되고 상당한 부분을 상실하기도 한다. 트라우마에서 흔히 일어나는 일이지만, 해마체가 그 기능을 제대로 하지 못하면, 트라우마가 실제 끝났다는 것을 기록 하지 못할 수도 있다. 외상후스트레스장애(PTSD)는 종종, 해마체가 단순히 그 기능을 하지 못함으로써 일어나는 결과물이기도 하다.

나는 스테파니에게서 바로 이것을 의심했던 것이다. 벌떼의 공격을 받았을 때 그녀는 너무나 압도되어 버려서 그녀의 해마체가 '작동하지 않게' 된 것이다. 그녀가 성인이 된 후에도, 공황 증상이나 플래시백이 일어나면 마치 다시 벌들의 공격을 받고 있는 것처럼 그녀는 느꼈고 심지어 당시 질렀던 비명과도 똑같은 "도망갈 수가 없어!" 라는 비명을 질러 댔다. 이런 일을 겪을 때면 그녀의 아드레날린 수치는 마치 그날로 되돌아간 것처럼 치솟곤 했는데, 이 역시 여전히 해마체가 제 구실을 못하도록 방해하는 것이었다. 스테파니처럼, 비록 외상후스트레스장애(PTSD) 진단을 받을 정도로 심신이 약화되지는 않는다 하더라도, 이런 종류의 기억 방해 현상은 트라우마로 인해 여전히 고통을 받고 있는 사람들에게 흔히 일어나는 일이다. 이들의 몸과 마음은 트마우마를 일으킨 사건이 실제로 끝이 났고, 자신이 살아남았다는 사실을 아직도 헤아리지 못하고 있다. 따라서, 현재의 시간으로부터 과거의 사건을 분리시키려면, 그들의 해마체가 다시 적절한 기능을 하도록 도와주어야만 한다. 사건이 일어난 것은 어디까지나 과거이며, 지금이 아니라는 사실을 피질cortex에게 틀림없이 말할 수 있어야 한다는 것이다. 본서에서 제시하는 '여덟 가지 열쇠' 는 모두, 이 해마체의 기능 향상을 그 목표로 하고 있다. 다음에서는 이 목표를 가장 직접적으로 조준하여, 과거라는 감옥에서 스테파니를 구출해 낸 그 열쇠에 대해서 소개를 한다.

열쇠의 발견

스테파니와 나는 앞서 설명한 것과 같은 이론에 대한 토의를 먼저 시작했다. 그녀는 '생각하는 뇌' 인 대뇌 피질에 대해서는 이해를 했지만, 벌떼에서 살아남았다는 점은 아직 파악을 하지 못했다. 게다가, 밖에 있는 것에 대한 두려움이 공포증으로 발전했다는 사실에 그녀는 몹시 우려를 했다. 그녀의 목표와 관련하여, 우리는 대안 전략과 방법을 구상해나갔는데, 이때 그녀가 원했던 것은 집 밖에서 머물 수 있는 인내력을 천천히, 한 번에 아주 조금씩 형성해나가는 것이었다. 이것은 공포증을 다루는데 효과적이고, 사람들이 선호하는 접근법으로서, 공포증의 원인이 트라우마인 경우에도 해당이 된다. 그녀는 자신이 공원으로 나가는 데에 동행해달라는 요청을 했다. 그리고 공원으로 나가기 전에, 우리는 말벌 공포에 점차 도전하는 단계를 계획했다. 먼저, 공원 가장자리에 주차를 한 다음, 차 안에 앉아 있었다. 그 다음엔 보도의 가장자리를 한 바퀴 돌아보았다. 여기까지는 꽤나 쉬운 듯이 보였다. 각 도전의 시작 부분에서 약간의 긴장감을 보이기는 했지만, 내 사무실로 돌아왔을 때 그녀는 편안해했다. 하지만, 세 번째 여정에서 공원의 잔디 가장자리를 걷기 시작했을 때 '재앙' 이 닥쳤다. 말벌이 아닌, 한 마리 작은 벌이 우리의 머리 뒤로 날아온 것이다. 그녀는 윙윙 소리를 내는 벌을 곁눈질로 힐끔 보는가 싶더니, 그 즉시 땅에 넘어져 머리를 부여잡고 비명을 지르며 "도망갈 수가 없어!"라고 외치고 있었다. 자신의 행동에 대해 묘사를 하던 것과 똑같은 모습이었다.

몇 초 동안 나는 그녀의 상태를 측정하면서 가만히 물러서 있은 다음, 그녀 옆에 무릎을 꿇고 단호한 목소리로 말을 했다. "스테파니, 당신은 이미 벗어났어요!" 나는 내 피질과 해마체를 사용해서 그녀와 소통하고 그녀에게 힘을 실어 주는 데에 집중하고자 했다. 조금 더 큰 목소리로 대 여섯 번 같은 말을 한 후에야 나는 간신히 그녀의 주의를 끌 수 있었고, 마침내 스테파니는 소리 지르는 것을 멈추었다. 그러나 여전히 공황 상태에서 그녀는 나를 쳐다보았다. 나는 반복해서 말했다. "당신은 벗어났어요. 당신은 정말 벗어났어요!" 나는 그녀의 눈빛을 통해, 자신이 어디에 있는지, 그리고 내가 말하는 것을 그녀가 이해하려고 애쓰고 있다는 흔적을 읽어 낼 수가 있었다. 그녀의 눈에서 혼란의 기미가 어느 정도 가시는 것을 확인할 때까지 몇 번 더 같은 말을 반복한 다음, 나는 약간 더 깊이 들어가는 모험을 택하기로 결심을 했다. "나는 당신이 벗어났다는 걸 확실히 알아요, 난 아주 확신합니다."

"당신이 확신한다고요?" 여리고 약간 회의적인 목소리로 그녀는 물었다. "네. 아주 확신합니다, 절대적으로요." 이때쯤, 우리는 서로의 얼굴을 마주보고 잔디에 앉아있었다. "내가 어떻게 확신하는지 설명해주길 바라나요? 아니면, 당신도 지금 그것을 이해하고 있나요?"

스테파니는 잠시 생각에 잠겼고, 주위를 둘러보았다. 그리고 그 때, 그녀는 깨닫기 시작을 했다. 그녀의 눈이 점점 커지는가 싶더니, 마치 오랜 고투 끝에 시험문제의 답을 알아낸 어린 학생처럼 말했다, "아! 나는 틀림없이 벗어났어요. 나는 지금 여기에 있어요. 그게 당신이 의미하는 건가요?"

"맞아요, 당신은 여기 있어요." 나는 미소를 지으면서 땅과 공원 주위를 가리켰다. "당신과 내가 있는 곳은 바로 여기예요."

나는 그녀에게 공원과 그녀의 현재 나이를 확인하라고 했고, 그녀는 그렇게 할 수 있었다. "우리는 지금 도시의 공원 안에 있고, 나는 42살이에요." 그리고 그 때, 그녀는 덧붙여 말했다. "만약 내가 그때로 되돌아가서 말벌로부터 벗어날 수 없었다면, 당신과 지금 여기에 있을 리도 없지요." 그녀는 울기 시작했다. 이전의 두려운 울음이 아니라, 안도의 흐느낌이었다.

그 후, 그녀와 공원에서 일어난 일을 다시 곰곰이 생각하는 과정에서 나는 한 가지 아이디어가 떠올랐다. 그리고 그 다음 주에, 나는 그녀에게 말벌 공격 이야기에 대한 에필로그를 쓸 것을 제안했다. 나는 그녀가 어릴 때의 사건 이후에 발생한 모든 종류의 사건들 – 행복한, 슬픈, 어려운, 그리고 성공적인 – 에 대해서 회상을 해주기 원했다. 내 생각이 맞는 것이라면, 그렇게 함으로써 그녀의 해마체는 말벌에 관한 기억을 그녀의 수많은 역사 중 그저 한 사건으로만 기억하게 될 것이었다. 한 달 후에 완성된 그녀의 에필로그에는 수많은 사건들에 대한 방대한 리스트가 들어있었다. 옛날의 공격 이후로 많은 세월이 흘렀으며, 그 에필로그는 그녀가 이미 오래 전에 벗어났다는 걸 확실히 입증해 주는 것이었다. 이 두 번째 열쇠는 스테파니가 말벌 공격으로부터 회복되도록 기여하면서, 가족과 함께 야외생활에도 참여할 수 있도록 도와주었다. 벌이나 말벌을 보거나 소리에 긴장하게 될 때에도, "나는 벗어났어, 왜냐하면, 나는 지금 여기 있기 때문이지," 라고 스스로에게 상기시키면서, 스테파니는 같은 원칙을 반복하곤 했다. 다른 열쇠들 역시 그녀에게 유용하게 작용했다. 스테파니의 치유에 대해 더 알고 싶다면, 네 번째 열쇠 편을 찾아보라

자신에게 적용하기

스테파니와의 작업이 성공적으로 끝난 후, 나는 다른 내담자들에게도 동일한 원칙을 적용하기 시작했다. 사적인 상담을 요청하는 이들에게 이 아이

디어를 적용해보라고 제안했고, 내 수업을 듣는 전문가들에게도 제안을 했다. 그리고 이들로부터 돌아온 피드백은 엄청나게 긍정적이었다. 트라우마를 일으킨 기억으로 엄청난 고통에 시달리는 사람들에게 에필로그를 쓰게 하는 작업은, 과거를 기억하는 동안에도 현재에 닻을 내릴 수 있도록 도와주는 것이다. 일반적으로 에필로그를 쓰는 동안, 그 실제적인 결과를 본인 스스로가 확인을 하게 되기 때문에, 과거와 현재가 구별되면서 트라우마를 발생시킨 기억의 끔찍함도 줄어드는 것 같다. 특히 에필로그를 쓰는 작업은 예전에는 불가능해 보였던, 현재로부터 과거의 분리를 가능하게 만든다.

트라우마의 특징 중 하나는 트라우마를 일으킨 기억이 당신을 강하게 끌어당기는 것이다. 즉, 마치 트라우마가 계속해서 다시 일어나는 것처럼 느껴지는 것이다. 불쑥불쑥 끼어드는 침입 현상들플래시백, 몸의 반응이나 시각적, 청각적, 후각적인 이미지들이 트라우마를 상기시키면서 그 결과, 고통이 엄습해오고 일상생활도 커다란 타격을 받게 되는 것이다. 트라우마의 기억에 짓눌려서 삶을 영위하는 능력이 손상을 받는다면, 외상후스트레스장애(PTSD)를 겪고 있다고도 말할 수 있겠지만, 스테파니처럼 많은 사람들이 트라우마를 경험하며 다소간의 차이는 있지만 그럭저럭 헤쳐 나가기도 한다. 그러나 그 어느 범주에 속하든, 트라우마에서 살아남았다는 사실을 깨닫는 것은 크게 도움이 된다.

스테파니의 이야기는 트라우마 치유의 핵심 사항 곧, 내가 '지금 여기 있는 것으로 보아서' 내가 '살아남았다는 것을 깨닫는 것'을 말해주고 있다. 물론, 이 사실이 그 날 공원에서의 스테파니처럼, 항상 그렇게 빨리 인식되는 것도 아니고, 한 단계로 끝이 나는 것도 아니다. 그러나 이 간단한 진리를 깨닫는다면, 과거의 트라우마와 같이 살면서도, 그것을 스스로 다루는 일이 쉬워질 것이다.

당신에게도 동일하게 적용해보자. 교통사고나 지진, 아동학대, 강간, 테러주의자들의 폭발 등, 어떤 일을 겪었건 간에 지금 당신이 이 책을 읽고 있다는 사실은, 당신이 그 사건들로부터 살아남았음을 의미한다. 그러므로 당신도 역시 당신의 해마체로 하여금 에필로그에 집중하도록 만들 수가 있다. 해마체가 다시 제대로 그 기능을 수행할 때, 해마체는 편도체에게 마치 트라우마가 반복되거나 지속되는 것처럼 행동하는 것 그리고 반응하는 것 을 멈추라고 명령할 수 있을 것이다.

에필로그를 쓰는 것만으로 충분하다. 어떤 사람들은 그것을 쓰면서 자신이 살아남았다는 사실을 몸과 마음에 뚜렷이 새긴다. 만약 당신이 여기에 해당된다면, 이것으로 충분하다. 에필로그를 작성하는 것은 자신의 기억을 더듬고 싶지 않거나 그럴 준비가 아직 되지 않은 사람들, 또는 기억을 다루는 것이 기분을 더욱 나쁘게 만드는 사람들에게도 적절하다. 게다가, 당신이 당신의 기억을 처리하는 것이 이득이 되거나 앞으로 이득이 될 사람이라면, 에필로그를 먼저 씀으로 트라우마의 세부사항을 다루는 과정을 훨씬 수월하게 갈 수가 있다. 살아있다는 것을 이미 확인한 상태이므로, 과거의 문제를 다룰 때에도 다른 한 쪽 발은 굳건하게 현재를 디디고 있을 것이기 때문이다.

에필로그 작성이 당신에게 적절한가?

이따금 또는 항상, 트라우마가 아직도 진행 중이거나 다시 일어나고 있다고 느낀다면, 아래의 실전연습이 당신에게 도움이 될 것이지만, '현실'이라는 시간 안에서 당신의 트라우마 사건이 사실상 끝이 났다면, 이 연습은 그냥 좋은 아이디어 정도로 끝이 날 것이다. 또한 대부분의 사람들에게 이것은 분명하게 나타난다. 그러나, 앞서 이론을 다룰 때 논의한 바와 같이 뇌에 미치는 트라우마의 영향으로 인해 당신은 여전히 의심에 잠길 수도 있는데, 그런 경우에는 '달력'이 당신을 도와 줄 수가 있다. 트라우마를 일으킨 사건과 현재 사이에 펼쳐진 시간들, 주와 개월, 수년의 기간은 트라우마가 사실상 끝났다는 걸 알려주는 것들이다. 물론 여기에 예외는 있는데, 예를 들면, 신체적 부상에서 치유중이거나 법원 소송이 미해결중이거나, 아직도 거주할 집을 찾지 못한 경우 등 이다.

또 다른 예외는 일상적으로 트라우마와 함께 계속 살아야 하는 사람들이다. 여전히 학대자의 위협에 처해있는 가정폭력의 희생자들, 혹은 전쟁으로 피폐해진 국가에 살고 있는 이들이 이에 해당된다. 이들에게, 그리고 유사한 환경에 처한 이들의 경우에, 트라우마는 아직 끝나지 않았고, 그것은 여전히 진행 중인 것이다. 만약 당신의 처지가 이 범주에 속한다면, 아래의 실전연습은 별로 유용하지 않을 것이지만, 한두 가지의 실전연습은 당신이 처한 어려움에 적용할 수 있다.

아래의 연습을 실행하기 전에 마지막으로 고려해야 할 사항이 있다. 이 고려 사항은 사실, 예전의 실전연습과 앞으로의 연습에도 해당이 된다.

이것은 곧, 말이 되지 않다거나, 옳다고 느껴지지 않는 그 어떠한 것도 실행으로 옮기지 말라는 것이다. 시도할 것과 시도하지 않을 것을 선택하는 데 있어서는 당신의 마음챙김 측정기를 사용하고, 그것에 귀를 기울이도록 하라.

실전연습 1

나만을 위한 새로운 주문Mantra을 외워라

어떤 말을 사용해야 당신이 살아남았다는 것을 기억할 수 있을까? "나는 지금 여기 있고, 내가 살아남았다는 사실을 안다."는 스테파니의 말로 시작해도 좋고, 당신만의 문구를 만들어도 좋다. 메시지의 핵심은 유지를 하되, 당신에게 분명하게 와 닿는 말을 사용하라. 스테파니는 문장을 반복하면서 주위를 둘러보고 사물을 인식하는 것이 도움이 된다는 점을 발견하였다. 때때로 그녀는 '지금 42살이기 때문에' 나 또는, '두 딸이 있기 때문에'와 같은 표현들을 덧붙이기도 하였다. 구체적인 표현들은 그 메시지를 강화시킨다.

여러 가지의 가능성을 적은 다음에, 첫 번째 장에서 개발한 마음챙김 측정기를 사용하여, 가장 좋은 문장이나 어귀를 찾는 데에 집중을 하라. 빠른 시간에 적절히 조합된 어귀를 찾을 수도 있지만, 약간의 시간이 걸릴 수도 있고, 가장 좋게 느껴지는 것이 매일 다를 수도 있다. 인내심을 갖고 측정기가 안내하도록 하라.

실전연습 2

당신만의 에필로그를 써보라

당신만의 에필로그를 쓰고 싶은가? 여기에는 에필로그를 조금씩 나누어 쓰면서 그것이 자신에게 어떻게 느껴지는지 지켜보는 방법도 있다. 아울러, 에필로그를 작성하는 데에는 많은 접근 방식들이 있다. 현재에서 시작해서 뒤로 가는 방법이 일반적으로 가장 효과적이다. 그러나 만약 그 방법이 맞지 않다면, 트라우마 후의 시간에서 시작해서 앞으로 나아가라. 해설이나 이야기를 하는 것처럼 문장 전체를 쓰는 이가 있는가 하면, 간단한 개요나 목차만 요약 서술하는 이들도 있다. 그러나 무엇보다도 가장 중요한 것은 트라우마로부터 실제로 살아남았음을 상기시키는 사건을 포함시키는 것이다. 예를 들면, 십대에 겪었던 트라우마의 에필로그를 쓰는 성인은 고등학교 졸업이나 대학 입학, 또는 학위를 취득한 일을 포함시킬 수 있다. 어떤 것이든 트라우마의 사건이 일어났을 때와 지금까지의 시간의 차이를 명료하게 보여주는 것을 집중·조명하면서, 무엇을 하고, 누구와 살고, 몇 살인지와 같은 '현재'를 포함시키는 것을 잊어버려서는 안 된다.

트라우마 이후 얼마나 시간이 흘렀든 간에, 현재의 세부적인 사항들을 포함하는 것은 특히 중요하다. 특히, 에필로그에 물질적인 것들을 열거하면, 트라우마 이후로 시간이 지났다는 것을 강조할 수 있다. 최신 컴퓨터나 핸드폰 같은 기술은 이 목적에 아주 유용하다. 만약 당신이 어떤 새로운 물건을 구입했다면, "나는 내가 살았다는 걸 나에게 상기시키기 위해 ○○을 샀다."와 같은 문장처럼, 에필로그에 이 새로운 아이템을 첨가하라.

실전연습 3

당신의 생존을 축하하라

당신이 생존했다는 진실을 나타내고 깨닫게 해 줄 하나의 축하 '의식'을 계획하고, 그것을 실행에 옮겨 보라. 어떤 사람들은 이런 의식을 행하려면, 트라우마에 관련된 모든 문제가 깨끗이 정리될 때까지 기다려야 한다고 생각하지만 그렇지 않다. 생존했다는 사실을 인정하는데 적절한 시간이란 건 없다. 즉, 어느 때이고 할 수 있다는 것이다. 이 의식은 혼자서 치러도 좋고, 동료들과 해도 좋다. 당신은 사실상, 당신이 원하는 만큼 수없이 많은 축하 의식을 기획하여 당신의 생존을 축하할 수가 있다. 당신만을 위한 선물을 사고, 특별한 식사를 차리고 파티를 주도하며, 하나의 멋진 작품도 만들어 보라. 이렇듯 생존을 기념하고 축하하기 위한 것이라면 그 어떤 것이든 좋다. 당신이 무엇을 하든, 당신의 생존을 확인시켜줄 무언가를 찾거나 설계하는데 당신의 상상력과 창조력을 이용하라.

몇 년 전, 나는 나 자신을 위해 정확히 그런 축하 의식을 벌였다. 마치 일종의 전쟁을 겪은 것만 같은 느낌이 들었기에, 부상병에게 수여되는 자주빛 훈장을 내 스스로에게 달아 주리라 결정을 했던 것이다. 골동품 가게에서 한 두 개의 메달을 발견했지만 결국, 나는 실제 병사의 메달은 적절치 않다는 판단을 했고, 따라서 좀 아쉽기도 했지만 내 생각을 보류할 수밖에 없었다. 그러나 그로부터 얼마 지나지 않아서, 어느 작은 한 가게에서 나는 완벽한 '대체물'을 발견했다. 그것은 하트 모양을 한 나무로 만든 작은 핀이었는데, 자주색 바탕에 아주 작은 색색의 꽃들을 강조하듯 그려 놓은 것이었다. 가격도 저렴할뿐더러 아름다웠고, 완벽했다. 그리고 그것을 사고 가게를 나오는 순간, 나는 정서적으로 몹시도 흥분이 되는 느낌을 받았다. 나에게 있어, 이 작은 '자주색 하트나는 이것을 아직도 가지고 있다' 는 나의 생존을 상징하면서 동시에, 내 스스로를 향한 호의와 동정심이 무르익어 감을 뜻하는 것이기도 했다. '하트 핀' 그 자체도 중요했지만, 자신에게 그런 선물을 주고 싶고, 그런 선물을 찾기 위해 노력 했다는 점 역시 중요한 것이었다.

두 번째 열쇠에 대한 평가

첫 번째 장 즉, '첫 번째 열쇠' 에서 채택한 마음챙김 측정기를 다시 한 번 참고하라. 당신이 나만의 주문Mantra을 외우고, 에필로그에 대해 생각해 보고, 자신에게 보상을 하고, 생존 축하를 계획할 때에, 당신의 마음챙김 측정기에는 어떠한 변화가 느껴지는가? 아주 좋은 일을 했다고 말을 하는가? 아니면, 그중 한 두 개의 연습은 나중으로 미루라고 말하는가? 당신의 상식은 또한 무슨 이야기를 하는가?

한 번에 오직 한 가지 실전연습만 실행하도록 하라. 감당할 수 있을 정도의 크기로 실전 연습들을 나눈다면, 트라우마 치유의 열쇠에 대한 평가 역시도 쉬워지게 된다. 또한, 정기적으로 멈춰서 어떻게 느껴지는지를 평가하라. 한꺼번에 모든 실전연습을 할 필요도 없고, 이들을 전혀 하지 않아도 좋다. 다만, 조금씩 실행해 가면서 앞으로 나아가기 전에, 꼭 휴식시간을 가지도록 하라.

두 번째 열쇠를 어떻게 사용할 것인가
(혹은 사용하지 않을 것인가)를 계획하기

자신이 살아남았다는 사실을 강화시켜주는 에필로그 쓰기는 얼마나 자주 쓰면 좋을까? 간격을 각각 달리 하면서 시도해 본 다음, 어느 간격이 최적인지를 지켜보라. 매일 쓰는 사람도 있고, 아침에 일어날 때나 잠자리에 들 때 쓰기도 하고, 하루에 여러 번 자신에게 상기시키는 사람들도 있다. 무엇이 당신에게 가장 잘 맞는지, 변화를 주면서 시도해보라.

보충설명

특수한 상황들

이 두 번째 열쇠를 이용하는 데에 있어서, 당신이 트라우마를 전부 기억하는지의 여부는 사실상 중요하지 않다. 우리의 지금은 현재, 바로 여기에 있기 때문이다. 에필로그를 쓸 때 마지막 부분부터 시작하는 것은 과거에 일어난 일을 기억하지 못해서 좌절하는 사람들에게는 아주 좋은 전략이다. 당신의 과거에 무슨 일이 있었든, 걱정할 필요가 없다. 당신의 에필로그는 전적으로 오늘에 드러나 있다. 당신이 서 있는 바로 여기에서, 당신이 하는 것을 보고 있는 것이다. 여기가 바로 출발점이다. 다음 장에 나오는 '세 번째 열쇠' 에서도, 트라우마에 관한 기억을 하는 것이 치유과정에 반드시 꼭 필요하지 만은 않다는 것을 보여줄 것이다.

세 번째 열쇠

➔ 기억하는 것이 반드시 필요하지는 않다!

당신의 과거가 당신을 지배하게 하지는 마세요. 다만, 당신의 일부가 되게 하세요. — *영화, 나의 그리스식 결혼식(2002) 에서, 닉이 툴라에게 한 말*

과거로부터 무언가를 배운다는 것은 언제나 좋은 생각이지만, 그렇다고 과거를 곱씹으며 그것에 머물러있는 것이 항상 좋은 것만은 아니다. 트라우마에 대한 기억의 처리는 트라우마 치료에서 흔히 실행하는 과정으로서, 종종 자조를 돕는 책에서도 조언을 하고 있다. 하지만, 트라우마의 스트레스 영역에서 점점 커져가는 논쟁점은, 과연 트라우마에 관한 기억을 되새김질 하는 것이 얼마나 유용한가 하는 문제이다. 이 문제는 아직도 논의 중에 있지만 상식적으로도 알 수가 있듯이, 개인에 따라 각기 다를 것이다. 즉, 트라우마를 일으킨 기억에 대한 처리가 어떤 이들에게는 유용하지만,

또 다른 이들에게는 그렇지 않을 것이라는 말이다. 꽤 많은 이들이 트라우마의 기억을 처리해서 치료의 성과를 거두기도 하는데, 이 과정에서 때로는 반복적으로 자신의 과거를 방문하기도 한다. 하지만, 또 다른 이들은 트라우마를 기억하는 과정에서 더욱 상처를 입는다. 사실상, 대부분의 사람들은 공식적으로 과거를 전혀 점검하지 않고서도 트라우마에서 벗어나게 된다. 과거를 기억하는 것은 실행 가능한 하나의 선택사항에 불과한 것이지, 반드시 필요한 것도 심지어 항상 권장할 만한 것도 아니다.

여기에서 우리는 당신이 트라우마를 기억하는지 여부에 대해 전혀 신경을 쓰지 않는다. 안전한 치유는 트라우마를 기억하거나, 기억하지 않는 이 두 가지 경우에서 모두 가능하다. 다음으로는, 트라우마의 기억을 가지고 언제, 얼마나 많이 작업해야 하는지 상식선에서 결정짓는 대안을 조명해본다. 저자 자신의 트라우마를 치료하던 당시에는, 수용 가능한 선택 사안이란 오직 하나뿐이었다. 이는 당시의 유일한 철학으로서, 상처에 관한 기억을 반드시 되살려서 처리해야 한다고 생각했던 것이었다. 나는 이따금씩, 여기에 다른 대안이 있었으면 하고 생각했던 것을 아직도 기억하고 있을 정도이다. 그러나 그 후로 지금까지, 트라우마의 스트레스를 다루는 분야는 많은 성숙을 해왔고, 이에 대해 더 많은 선택이 가능해졌다고 말할 수 있게 되어서 나는 몹시 기쁘고 만족스럽다.

피에르 자넷 박사(Dr. Pierre Janet)의 열쇠

트라우마 기억을 다루는 가장 분명하고 상식적인 토대는 사실, 1800년대 후반에 이루어졌다. 나는 이것이 결국 트라우마 치유에 관한 모든 체계와 방법의 표준이 되기를 바란다. 19세기 후반 무렵, 피에르 자넷 박사는 트라우마 치유의 미래를 위한 견고한 토대를 세웠다. 그는 과거의 트라우마를 치유하는 방법에 있어서, 세 갈래의 체계에 대해 정의를 내렸다. 그의 단계지향적 접근법phase-oriented approach은 이용가능한 모든 철학과 방법론, 그리고 모든 모형의 스펙트럼에 걸쳐서 적용 가능한 것이지만, 저자가 아는 한, 자조 분야에 관한 자넷의 개념을 다룬 유일한 논의는 쥬디스 허먼Judith Herman의 중요한 고전인 '트라우마와 치유Trauma and Recovery' 밖에 없다.

- 1단계 : 안전과 안정감을 형성하는데 관심을 쏟는다. 시간이 얼마나 – 몇 시간, 몇 주 또는 몇 년 – 걸리든 상관하지 않는다.
- 2단계 : 트라우마 기억의 처리를 포함한다.
- 3단계 : 1, 2단계에서 얻은 것을 일상생활에 도입하면서 통합에 집중한다.

자넷 박사에 따르면, 1단계의 목표가 성취될 때 까지, 즉, 정신적 외상을 입은 개인이 안전하고 안정되게 일상적인 일들을 수행할 수 있게 되기 전까지는, 과거의 트라우마를 다루는 단계인 2단계로 넘어가는 것을 허용해서는 안 된다고 한다. 나는 자넷의 철학에 더할 나위 없이 동의하고 있었고, 그의 의견에 원칙적으로 동의하지 않는 트라우마를 입은 내담자이나 전문가, 저작자들을 만나본 적이 없다. 그렇지만, 실제 그의 권고를 따르는 사람은 거의 없었다. 작가나 임상심리치료사들 뿐만 아니라, 대부분의 내담자들 역시 너무나 성급하게 트라우마 기억에 달려들다가, 때로 비참한 결과를 경험한다. 안정성이 확실해질 때까지 기다리는 것이 많은 사람들에겐 너무 어려운 일로 보이는 것이다.

자넷의 모형은 아른바 '상식'으로 가득하다. 당신도 지금쯤 알아 차렸겠지만, 트라우마를 회상하는 것 즉, 자신만의 문제를 다룬다는 것은 심지어 가장 좋은 상황에서도 당신의 균형 상태를 온통 뒤흔들어 놓는다. 하물며, 이미 불안정한 상태에서 트라우마를 일으킨 과거를 상기하는 것은 불안정을 증가시키기만 할 뿐이다. 물론, 많은 사람들은 적절한 수준의 불안정은 감당할 수가 있다. 그러나 트라우마로 인해 일상적으로 정서적인 불안정 상태로 사는 사람들에게, 그런 불안정을 증가시키는 것은 그들을 더 깊은 곤경으로 내몰 수 있다. 여기서 중요하게 고려해야 하는 사항은 일상생활에서 적절히 기능하는 단계를 유지하는 필요성과 관련이 된 것이다. 이것은 우리가 삶에서 일반적으로 이따금 느끼게 되는 혼란스럽고 화가 나는 느낌과는 전적으로 다른 것으로, 트라우마의 치유과정에서 특별히 느끼게 되는 감정이다. 정상생활의 한 부분으로써 화를 낼 수도 있고, 명확하게 생각하고 자신을 돌보는 것과 같이, 감정이란 것이 정상적이고 일상적 기능을 한다면 문제될 것이 없지만, 그 반대일 때는 우려할만한 문제가 되는 것이다. 안정성을 무너뜨릴지도 모르는 과거 기억에 접근하기 전에, 균형감 감정이 없지는 않으나, 삶을 정상적으로 영위하는을 요구하는 자넷의 모델은 안정성을 최우선으로 하며, 전적으로 일리가 있는 주장들이다.

하지만 일부 사람들에겐 다음과 같은 부담이 뒤따르게 된다. 즉, 과거로 돌아가기 전에 안정을 최우선으로 한다면 트라우마의 기억에 대한 집중을 미뤄야만 한다는 것이다. 그런데 사실, 이것은 그리 나쁜 것만은 아닌데, 이러한 사실에 안도의 한숨을 내쉬는 사람이 분명 존재하기 때문이다. 반면에, 기억을 미루거나 건너뛰는 것이 마치 끔찍한 생각, 심지어는 견디기 어렵게 여겨지는 사람도 있기 마련이다.

당신이 정말 바라는 목표가 무엇인지 몇 분간 심각하게 생각해보라. 과거를 처리하고 재처리 하는 것인가 아니면, 더 나은 미래를 사는 것인가? 많은 이들이 후자로 갈 수 있는 길은 트라우마의 기억의 처리를 통해서일 것이다. 그러나 기억을 우회하는 길로 통과함으로써 똑같은 목적지에 도달하는 사람들도 있다. 트라우마를 기억하는 게 삶의 질을 방해한다면, 기억하기를 적어도 한동안만이라도 피하는 것이 더 나은 결과를 가져오는 것은 아닌지 고려해보라.

트라우마 치유의 첫 번째 목표는 일상에서 삶의 질을 향상시키는 것이어야만 한다. 하지만, 상식과 대조되게, 트라우마에 관한 기억의 처리가 자조 책과 치료의 주요한 목표였고 지금도 마찬가지이다. 과거의 트라우마를 입힌 상황을 재방문함으로써 명백히 이익을 얻는 사람들도 있지만, 너무나 많은 이들이 그렇지 못하다. 사실상, 상당수의 사람들은 기억하기를 원하지 않거나 다음에 나오는 스튜어트의 사례를 보라, 혹은 기억을 못하며 첫 번째 열쇠 편에 언급된 마사처럼, 또는 기억을 할 때에 이전 장의 스테파니처럼 결정적으로 악화가 된다. 그 어느 경우에 해당하든, 당신뿐만 아니라 그 누구에게도 기억할 것을 강요해서는 안·된다.

물론, 트라우마 기억과의 작업이 당신의 일상생활을 더 나은 것으로 만드는 중요한 부분일 수도 있다. 이런 경우에, 감당할 수 있다고 확신 심신이 안정적일 때 할 때, 작업으로 넘어가는 것은 합리적일 것이다. 그러나 사실, 당신은 그 반대라는 것을 이미 알고 있다. 즉, 트라우마를 기억하는 것이 단순한 업무나 다른 사람들과 즐기는 것과 같은 일상생활의 기능을 방해한다는 것을 당신은 알고 있다. 이러한 상황에서, 트라우마의 기억을 재검토하는 것은 단기적으로 어쩌면 장기적으로도 좋은 생각은 아닐 것이다.

본장과 관련된 이론과 연습은 과연 트라우마의 기억이 당신에게 꼭 필요한지, 당신에게 그 역량이 있는지를 구별하는 것을 돕도록 구성되어 있으며, 끝 부분에 이르러서는 아래의 사항들을 꼭 이행해야 하는지, 지금 혹은 나중에 해야 하는지, 아니면 전혀 할 필요가 없는지의 여부를 본인 스스로 판단하게 될 것이다.

- 세부적으로 자신의 기억들을 공략하기
- 기억들을 총체적으로 검토하기
- 기억들을 완전히 방치하기
- 트라우마 기억의 처리에 대한 결정을 나중으로 연기하기

다음의 사항을 꼭 기억하기를 바란다. 즉, 당신의 기억과 시간을 보내고 싶은지 아닌지를 선택하는 이는 당신이다. 따라서, 트라우마 기억의 처리가 당신에게 이로울지, 아니면 적어도 당분간은 그냥 놔두는 게 더 좋을

지 스스로 예측할 수 있다면, 당신은 보다 분별력 있는 선택을 할 수 있다. 앞으로 2~3 페이지에 걸쳐, 나는 이 목표를 위한 기준에 대해 설명을 할 것이다. 하지만 우선, 기억을 처리하지 않고 트라우마에서 치유되는 것이 어떤 것인지에 대한 사례를 들어 보여주고자 한다.

1단계 과정에서 치유된 스튜어트의 사례

폭탄 테러에서 살아남은 스튜어트는 주기적인 플래시백과 빈번한 공황으로 고통을 겪고 있었다. 내가 그를 처음 만난 것은 사건이 일어나고 5-6년이 흐른 후였는데, 약물 치료와 심리치료를 받아봤지만 아무 소용이 없었다고 말했다. 그가 목표로 하는 것에 대해서 의논했을 때, 그는 공황에서 벗어나고 싶다고 단호하게 말했다. 그러나 폭탄 테러의 세부사항을 기억하는 작업은 여전히 너무나 무섭고 가슴 떨리는 일이어서, 사건 현장에 가는 것을 그는 몹시도 두려워했다. 그의 희망 사항을 존중해서, 나는 그에게 공황이 일어나는 과정에 대해 한번 조사를 해서 공황 발작 문제를 공략해보자고 제안했다. 공황의 유형을 구별할 수 있다면, 그것을 방해할 수 있는 방법도 찾을 수 있을지 모른다고 생각했기 때문이다. 그러나 그런 기회를 가지려면, 먼저 스튜어트가 적극적으로 나의 숙제에 임해야만 했는데, 다행히도 그는 내 생각에 동의를 했다.

두 번째 만났을 때, 나는 스튜어트가 '과학자'의 역할을 해야 한다고 제안했다. 이는 내가 종종 쓰는 방법으로, 환자들로 하여금 치유과정에 전적으로 참여하게 하는 효과가 있다. 더욱이, 이들이 모으는 정보는 자신을 돕는 데 매우 귀중하게 쓰인다. 그 첫 번째 단계는 마음챙김이었다. 첫 번째 열쇠 편을 참조하라 스튜어트는 자신의 신체감각과 감정, 생각과 느낌에 주의를 기울이는 것을 배웠다. 나는 여유롭게 한 주나 두 주 동안, 자신의 상태 변화를 관찰하는 습관을 익히라고 제안했다. 그가 점차 능숙해지면서, 나는 다음 단계를 첨가했다. 그것은 먹고 마신 것, 읽거나 TV에서 본 것, 친구나 가족과 나눈 대화의 주제 등이 신체감각과 자신의 감정 및 생각과 느낌에 끼친 영향을 낱낱이 추적하는 것이었다. 특히 중요한 것은, 공황이 시작되기 직전의 느낌과, 공황이 있었던 날과 없었던 날의 차이점이 무엇인지 그 느낌에 집중하는 것이었다.

머지않아 우리는스튜어트의 조사에서 몇 가지 패턴을 찾아내게 되었다. 어떤 음악은 그를 더 차분하게 만드는 반면에 또 어떠한 것들은 그를 동요하게 만들었다. 치킨과 스테이크를 먹으면 즐겁고 안정감을 느끼지만, 아이스크림을 제외한 디저트는 반대의 결과를 가져온다는 걸 발견했다. 가장 중요한 발견은, 모든 공황 발작이 30분에서 60분 전 사이에 마신 한두 잔의 커피에 의해 선행된다는 사실이었다. 조금 더 주의를 기울이자, 커피를 마시고 처음 30분 동안에 심장 박동이 증가한다는 것을 관찰해냈고, 처음에는 긴장하다가 다음에는 불안해진다는 것을 알아냈다. 또한, 그러다가 만일 심장 박동이 재빨리 정상으로 돌아가지 않으면, 식은땀과 함께정신이 혼미해지면서 본격적인 공황이 시작된다는 것도 알아차리게 되었다. 그러한 발작attack은 약 한 시간 동안 지속되다가 심장 박동이 줄어들면서 동시에 가라앉았는데, 이는 카페인이 그의 신체 안에서 그 효과를 발휘하다가 꺼지는 것과 맥을 같이 하였다.

식은땀과 몽롱해지는 느낌 때문에, 나는 스튜어트에게 신체검사와 스트레스 테스트를 받아보라는 요청을 했다. 나는 여기에 그 어떤 생물학적 원인, 복합적 요인이나 연관성, 혹은 어떠한 심장의 불규칙과도 관련이 없다는 것을 먼저 확실히 하고 싶었다. 결국, 모든 테스트의 결과는 부정적으로 나왔고, 의사는 스튜어트의 증상이 카페인에 의해 유발된 것임을 확인해주었다.

이 결과는 스튜어트로선 받아들이기 힘든 깨달음이었다. 그는 커피를 사랑했고, 동료와 친구들과 함께 즐기는 커피의 '사회적인 측면' 을 좋아했다. 그는 언제나 '허브차를 즐기는 사람들' 에 대해 냉소적이었고 그들과 어울리는 걸 지독하게 싫어했다. 그러나, 커피 없는 그리고 카페인이 든 음료가 없는 한 주일을 지내고 난 후, 그는 기분이 훨씬 좋아졌기에 기꺼이 그리고 영원히 카페인을 끊는 쪽을 선택했다. 마침내, 그가 카페인 자제를 고수하자 공황 발작에서 그는 완전히 벗어나게 되었다.

폭탄 테러가 있던 당시, 스튜어트는 카페에서 에스프레소를 마시고 있었다. 심장 박동은 이미 높은 상태였고 폭탄의 공포는 더 심하게 심장을 강타했다. 그 후로, 심장 박동의 증가와 결합된 커피 맛은 폭격과 죽음의 위협과 연관되면서 결과적으로는 공황을 촉발시켰던 것이다.

많은 이들이 스튜어트가 자신의 증상을 더 많이 제어하게 된 것을 두고 치유라고 간주하지 않을 수도 있다. 그리고 스튜어트 자신도 실제 발생했던 폭탄의 공격이 여전히 자신의 불안훨씬 줄어들긴 했지만에 큰 역할을 하고 있음을 알고 있다. 그러나 그의 삶의 질은 상당 부분 향상이 되었다. 게다가, 그는 자신의 몸을 잘 알고 있다는 느낌에 행복해했고, 생각만 해도 끔찍한 기억으로 돌아가 그 기억들을 뒤지지 않아도 된다는 사실에도 감사해 하였다. 도움이 더 필요하거나 관심이 있을 때면 언제든지 나의 문은 열려 있음을 그에게 상기시키면서 우리는 헤어졌다.

똑같은 사람은 한 사람도 없듯이 치료 효과 역시 폭이 넓고 다양하지만, 스튜어트에게 적용된 1단계-안정원칙stability principle은 이 책에서 논의되는 다른 원칙들과 마찬가지로, 대부분의 사람들에게 그 이용이 가능하다. 또한, 안정에 집중함으로써 얻은 스튜어트의 성공은 트라우마를 일으킨 기억의 처리가 삶의 질 향상에 꼭 필수 불가결한 것은 아니라는 것도 보여주고 있다. 기억의 처리는 당신에게 가장 이로운 것을 고르는 근거로, 선택할 수도 있고 선택하지 않을 수도 있는 요컨대, 하나의 선택 사항에 불과하다. 트라우마를 이겨낸 많은 생존자들은 스튜어트가 이룩해낸 성공적인 자기통제를 대단한 발전으로 기꺼이 또 기쁘게 받아들일 것이다. 또한, 이것을 심지어 하나의 '치유'로 간주하는 이도 있겠지만, 그러나 그 전에 추가해야 할 단계가 하나 더 있다.

자주 무시되는 3단계

트라우마 치유에서 흔한 함정은 3단계인 통합integration과정을 무시하는 것이다. 사람들은 대부분의 시간을 안정화1단계, stabilization나 트라우마 기억하기2단계, remembering trauma의 흥미로움이나 불안함에 너무 할애한 나머지, 통합3단계과정을 거의 잊어버리고 만다. 자넷 박사는 통합과정을 트라우마 치유의 마지막으로 조언하지만, 나는 대안적 관점을 제안하고자 한다. 즉, 통합은 치유 과정에서 가장 잘 짜여져야 한다는 게 나의 제안이다. 안정을 강조하든, 트라우마 기억의 처리를 강조하든, 통합은 항상 따라붙어야 한다는 말이다. 또한, 그 과정에서 발생하는 결과나 변화가 무엇이든 이들은 일상생활과 관련해서 통합되어야 한다. 예를 들면, 스튜어트는 카페인과 그의 행동더 이상 카페인을 마시지 않는 사람이 되는 것에 대한 새로운 지식을 배워야만 했고, 그것을 일상생활에 적용해야만 했다. 이는 음식물만 가리면 되는 문제가 아니라, 그의 기호나 습관의 변화에 대해 놀라워하거나 한 마디씩 할 가족이나 동료, 친구들에게 어떻게 대처해야 하는가도 포함하는 문제였다. 우리는 그가 어떻게 적응하고 있는지, 쉽고 어려운 지점은 어디인지 그에 대해서 토론을 하는 시간을 가졌다. 예를 들면, 놀리거나 입바른 말을 하는 사람들에 대비해 미리 연습을 하는 시간을 갖기도 했다. 당신에게 통합의 의미는, 당신이 만들어가고 있는 변화에 대해 배우자나 가장 친한 친구와 이야기를 나누는 것일 수도 있고, 기록이나 일기를 계속해서 쓰는 것일 수도 있다. 그리고 기록된 다이어리는 변화하는 당신의 반응이나 의견, 혹은 상황을 이치에 맞도록 정리를 해준다.

어느 단계가 나에게 적합 할까?

1단계인 안정에 집중하는 것과, 2단계의 기억 처리에 집중하는 것 중에 과연 어느 것이 당신에게 맞는지 알 수가 있을까? 우선적으로 해야 하면서도 가장 중요한 것은, 안정과 안전에 대한 현재 당신의 수준을 정직하게 평가하는 것이다. 다음에 나오는 것들은 안정과 안전에 필수적인 것들의 예로서, 일반적으로 고려해야 할 목록이다. 따라서 당신만의 독특한 상황에 적용하고 싶은데 아래에서 빠진 것이 있다면 어떤 것이든 좋으니 자유롭게 추가하도록 하라.

- 일상생활에 필요한 쉼터, 음식, 의복 등과 같은 인간관계에 기본적인 것들의 적절한 양이 조달 가능하다.
- 자신의 기억과 증상을 통제할 수 있다. 즉, 기억과 증상이 나를 휘두르지 않는다. 이것은 또한, 자신을 진정시킬 수 있고 플래시백을 멈출 수 있음을 의미한다. 네 번째 열쇠 편을 보라
- 평범하다는 의미가 무엇을 뜻하든 당신은 평범한 하루를 영위할 수 있으며, 자신이 속한 문화와 가족, 직장 내에서 맡은 역할도 수행할 수 있다. 정상적 스케줄과 활동도 이에 포함 된다.

기본적인 안전이란 트라우마의 위협 속에 계속 살고 있지 않음을 의미하는 것이다. 예를 들어,

- 만일 당신이 사고로 고통을 받았다고 한다면, 그 고통의 원인이 완전히 수리되었거나 대체된 경우를 말한다. 예, 비상계단, 자동차
- 만일 당신이 피난민이라면, 새로운 국가에서 합법적 거주권을 획득한 경우를 말한다.
- 만일 당신이 폭력의 희생자라면, 모든 신체적 부상이 치료되고 법적 절차가 마무리된 경우, 가해자가 감금됐거나 사망한 경우, 생활이 안전하며 비밀보장이 되거나, 먼 곳으로 이사를 하거나, 잠금장치나 경비견 기타 다른 요소들에 의해서 적절한 보호를 받는 경우를 말한다.
- 만일 당신이 가정폭력의 희생자였다면, 지금은 더 이상 그 폭력을 휘두른 가해자와 살지 않거나 가해자가 폭력을 멈추고 커플, 혹은 가족 상담을 받는 또는 받아온 경우를 말한다. 만일 당신이 어린 시절에 폭력을 당한 경우라면, 지금은 더 이상 폭력의 가해자와 함께 살지 않으며 그 가까이에도 살지 않는 경우, 혹은 폭력적인 관계에 노출되어 있지 않은 경우를 말한다.

물론 위의 예들이 모든 가능성을 망라하진 못하지만, 안전이 무엇을 뜻하는지는 알려줄 것이다. 당신이 현재 안전 하지 않다면, 당장 그것을 최우선의 순위로 바꾸어야 한다.

기억하기2단계로 옮겨가기 전에

1단계의 안정 기준을 충족한다 하더라도, 2단계로 넘어가기 전에 아직도 고려해야 할 몇 가지 사항이 있다.

1. 당신은 당신의 트라우마 기억을 재방문하기를 원하는가?
2. 과거에 집중할 때, 당신은 현재 삶과의 연결을 잃어버리는가?
3. 어떤 이들은 그들의 과거에 집중하면서 결정적으로 상태가 악화가 된다.

당신은 당신의 트라우마 기억을 재방문하기를 원하는가 ?

이 질문은 우스꽝스럽게 들릴지 모르나 사실은 매우 매우, 중요한 질문이다. 과거를 재방문하고 싶지 않거나 그렇게 하는 것에서 어떠한 가치를 찾지 못한다면, 당신은 그렇게 할 이유가 전혀 없다. 의사나 작가, 심리치료사, 가족구성원, 친구 등 그 어느 누구도 당신으로 하여금 과거를 재검토하도록 강요하게끔 놔두지 말라. 같은 측면에서 보았을 때, 만일 당신이 다른 사람의 압력에 굴복한다면, 당신은 훨씬 더 나쁜 상태로 역행할 수가 있다. 물론 이렇게 말로 하는 것은 쉽지만, 실제로 당신은 그에 저항하기가 몹시 어려운 경우가 많다. 나 역시 심리치료사들에게 방향을 바꾸거나 뒤로 물러서 줄 것을 설득할 수 있게 되기까지 너무나 힘이 들었었다. 그래서 나는 아주 가까운 사람이나 권위 있는 인물들 특히, 의사나 심리치료사들 에게

'아니오' 라고 말하는 것이 간단한 문제가 아니라는 걸 이해한다. 선택에 관한 당신의 권리를 주장하기 위해 어떠한 지지가 필요할지도 모른다. 가능하다면, 당신을 압박하지 않는 친구와 의논하면서 예행연습을 하는 방법이 아주 도움이 될 것이다. 궁극적으로는, 당신이 말하고 싶은 것을 글귀로 표현하는 자신만의 방법을 찾는 게 가장 좋다. 아래에서 거부할 때의 표현 방법들을 예로 들어 보았다. 여기에서 어떠한 영감을 얻으면서 당신만의 표현을 만들어보라.

- 당신이 요청한 것을 해봤는데, 기분이 더 나빠졌어요. 또는 한주 내내 좋지 않게 지냈어요 그래서 다시 하고 싶지 않습니다. 적어도 한동안은 말이죠.
- 아니오, 그건 내게 맞지 않는 것 같아요.
- 미안합니다만, 그건 말이 안돼요.
- 나는 내가 필요로 하는 것에 대해 스스로 잘 알고 있어요. 그러니까 당신은 이런 나를 신뢰해야 할 겁니다.
- 당신의 의견에 감사하고 우리의 의견이 일치하지 않는 것에 대해서는 유감스럽게 생각해 요. 하지만 내가 실수를 하는 한이 있더라도, 나는 꼭 이렇게 해야만 합니다.

혹시 누구라도 자신만의 고집을 부리는 사람이 있다면, 이 장 또는 책 전체 을 유의하여 보기 바란다.

과거에 집중할 때, 어떤 사람들은 더욱 나빠진다

일부 트라우마 희생자들은 과거에 너무 집중하느라 현재의 삶을 놓치고 만다. 트라우마 기억의 처리는 신체의 부상을 치유하기 위해 물리치료나 운동요법을 받는 것처럼 어디까지나 보조적인 것으로 끝나야 한다. 그것에 전적으로 매달려서는 절대 안 된다. 과거에 집중하느라 일상생활의 영위가 불가능해진다면 적어도 더 나은 균형감각을 찾을 때까지 기억을 한 쪽으로 치워놓는 것을 고려해보라. 어떤 이들은 마치 축복이라도 받은 것처럼 안도의 한숨으로 이 조언을 받아들일 것이며, 또 다른 이들은 주변의 반응을 살피며 '그래, 맞아!' 라고 말하지만 정작 그 마음속으로는 불가능하다는 생각을 할 것이다. 하지만, 트라우마 치유의 주요 부분은 자기 통제력을 증가시키고 트라우마를 장악하는 힘을 기르는 것임을 명심하라. 또한, 당신을 병들게 하고 집착적인 생각을 유발하는 기억의 침입을 통제하는 것도 포함된다. 이 책에서 소개하는 '열쇠' 들은 당신이 '통제한다' 는 기분을 느끼도록 도울 것이다. 게다가 당신이 시도할 수 있는 몇 가지 기술도 소개가 되어 있다.

트라우마 생존자들이 종종 지나치게 트라우마에 사로잡힐 때, 이들의 시간과 정신을 다른 곳으로 돌리는 활동이 필요하다. 당신이 별로 할 일이 없을 때 당신은 가장 취약해지기가 쉽다. 이런 상황에서 당신은 보통, 노래 부르기, 컴퓨터 게임, 퍼즐, 구슬장식, 자동차 수리, 빵 만들기, 자원 봉사 활동, 악기배우기, 그림그리기, 또는 페인팅 등을 할 수 있다. 당신의 손과 마음을 함께 사로잡을 수 있는 거라면 무엇이든 괜찮다. 유난히 힘들게 느껴졌던 시기에, 나는 솔리테르solitaire[4] 게임에 관한 책을 한 권 샀고 거기에서 약 20여 가지를 배웠다. 그 책은 나에게 마치 오아시스 같았다. 게임에 너무 몰두한 나머지 시간이 얼마나 흘렀는지도 몰랐고, 트라우마에 대해서도 까맣게 잊고 있었던 것이다. 처음에는 몇 분간, 나중에는 몇 시간씩 트라우마의 침입이 없는 시간을 만드는 것이 가능하다는 것을 일단 깨닫자 나는 이 아이디어를 더욱 확장시킬 수 있었고, 내 생각을 사로잡을 수 있는 보다 건설적인 다른 것들도 발견하게 되었다.

과거 트라우마에 집중하면서 극복 메카니즘이 약해지거나 심지어 실패하는 경우도 심심찮게 발생한다. 전에 언급했듯이, 트라우마의 기억에 치료 초점을 맞추는 모든 행위는 균형감을 무너뜨릴 수 있다. 다른 사람들보다 조금 더 낫게 이 위험을 잘 감당할 사람도 있을 것이다. 즉, 과거에 발을 담그기 전에, 안정성이 크면 클수록 그 사람은 더 낫게 감당할 가능성이 크다. 그러나, 이미 불안정한 상태에 있는 사람이라면, 혹은 기억의 집중이 극도의 불안정을 야기한다면, 기억에 시간을 소비한 대가는 '이익' 을 넘어서게 될 것이다. 다음 섹션에서는 당신이 이 범주에 속하는지 아닌지의 여부를 예측하는 데 사용할 수 있는 모델을 제시한다.

4) 혼자서 하는 카드놀이

이론의 적용

과거를 재방문하는 것이 이롭지 않을 수 있다는 이론이 어떤 이들에겐 충격으로 다가올지도 모른다. 과거에 일어났던 일을 알아내는 것이야말로 더 나은 삶을 위한 단 하나의, 유일한 방법이라고 확신하는 사람들이 많다는 것을 나는 잘 알고 있다. 전에 말했듯이, 일부 사람들에게 그 말은 사실일 것이다. 하지만 정 반대인 사람들도 있는데, 이는 과거를 뒤지고 다니는 것이 삶을 더 악화시킬 수 있다는 말이다. 다음의 문장들이 당신이 어디에 속하는지를 구별하는데 도움을 줄 것이다.

- 해결된 트라우마
- 단일 트라우마
- 복합적 트라우마, 안정적임
- 복합적 트라우마, 불안정함

해결된 트라우마

과거에 트라우마 때문에 고통을 겪었지만, 트라우마가 일상을 침입하거나 영향을 주지 않는다면 그냥 놔두는 것을 고려해보라. 당신은 아마도 이런 속담을 들어본 적이 있을 것이다. '고장 난 게 아니라면, 고치지 말아라.' 이 상황에 딱 들어맞는 말이다. 때때로 주변의 친구나 전문가가 선의로 혹은 도와준다는 미명하에 과거 트라우마는 항상 해결할 문제를 안고 있는 법이라고 말할지 모른다. 하지만 이 경우는 그렇지 않다. 과거를 추적하는 것은 현재나 미래를 위해 뭔가 얻어지는 게 있을 때만 가치가 있다. 그리고 많은 이들에겐 믿기 어려운 일일지 모르지만, 트라우마는 자신 스스로 해결할 수 있고 또 실제로 해결이 된다. 당신은 명백한 간섭 없이 그럭저럭 운 좋게 치유된 사람 중의 한 명일 것이다. 계속 앞으로 나아가고 삶을 즐겨라.

단일 트라우마

당신의 삶에 계속해서 영향을 미치는 단일 트라우마를 경험한 적이 있는가? 한 건의 공격사고나 단일한 차사고, 성희롱 등을 예로 들 수 있다. 당신의 과거에 다른 사건이 없고, 현재 안정적이거나 안정적1단계으로 됐다고 여긴다면 그 트라우마의 기억을 처리하는 것이 유용할 수도 있지만, 그런 경우라 하더라도 반드시 당신이 원해서 하는 것이어야 하고, 얻는 이익이 확실할 때 해야 한다. 스튜어트와 스테파니세번 째 열쇠는 이 범주에 속한다.

복합적 트라우마, 안정적임

과거, 복합적 트라우마 사건을 갖고 있는 사람들에겐 두 개의 그럴법한 가능성이 있다. 첫 번째는 트라우마의 경험에도 불구하고 탄력적인 삶을 사는 사람들이다. 이들은 자신의 과거에 대해 회고할 때, 생각의 처리 과정이 잘 정돈되어 있기 때문에 여러 문제가 한꺼번에 뒤엉키거나 간섭하지 않고 한 번에 하나씩 문제에 접근할 수 있다. 당신이 여러 트라우마 중 어느 하나에 대해 누군가에게 말하거나 혼자 생각할 때, 오직 그것에만 주의를 기울이는 것이 가능하다면 당신은 여기에 해당된다. 이런 경우에, 당신이 원한다면, 과거의 사건을 처리하는 것으로부터 유익함을 얻을 수도 있다. 단, 당신의 현재 상태가 안전하고 안정적이어야 한다. 다음 장에 소개되는 리암의 경우, 이 범주에 해당된다.

복합적 트라우마, 불안정함

과거에 복합적 트라우마를 겪었고 그것들이 뒤섞여 있고, 그 중의 하나에 대해 생각하거나 말할 때 다른 사건에 대한 기억이 한꺼번에 밀려온다면, 당신은 기억을 잘 처리하고 있다고 말할 수 없다. 이런 경우에 단일의 기억을 처리하고 해결하는 것은 불가능하고, 이것에 주로 뒤따르는 혼란과 압도적인 스트레스는 당신을 더 나쁜 상태로 내몬다. 결국에는 이겨낼 것이라고 희망하면서 기억처리를 계속 시도하는 사람들은 종종 정말로 힘든 환경에 처하는 것으로 끝이 나곤 한다. 이런 상황에는 안정이 결여되어 있으므로, 1단계 작업에 먼저 초점을 맞춰야 한다. 아래에서 우리는 첫 번째 장에서 이미 만난 재니스와 관련해, 이 범주에 대해서 좀 더 깊숙이 들어가 본다. 이 유형의 사람들은 성공적인 안정이 실질적인 변화를 초래하여 불안정한, 복합적 트라우마가 안정적인 상태로 바뀌곤 한다. 이렇게 된 후에, 다른 기준을 적용하면 된다.

열쇠의 발견 : 재니스의 사례, 제 2편

위에서 이미 소개한 재니스는 복합적 트라우마를 가진 불안정한 생존자에 해당한다. 자신의 아버지로부터 여러 해 동안 근친상간을 당해오면서 셀 수도 없을 정도로 많은 사건이 있었다. 그 뿐만이 아니라, 세 번의 자동차 사고와, 학교에서의 구타와 따돌림도 있었다.

처음에 우리가 함께 작업을 시작했을 때, 재니스는 완전히 혼돈 상태였다. 그녀는 우리가 만나기로 한 약속에 종종 늦었으며, 아예 약속을 잊어버릴 때도 있었다. 자신의 과거를 캘 때마다 그녀는 완전히 겁에 질려했고 종종 해리현상이 뒤따랐다. 첫 번째 열쇠에서 설명한 바 있는 신체 접촉을 감당하는 것에 대해 우리가 함께 한 작업은, 1단계안정화의 일부분이었다. 재니스는 또한, 자신의 몸과 증상을 더 깊이 통제하는 것을 배웠고, 힘 강화 훈련 프로그램을 시작했으며 적극성 훈련 수업도 들었다. 재니스는 우리 관계에서 배운 것을 친구와 가족과의 관계를 더 좋게 하는 데에 이용을 했다. 15개월이 지나자 그녀는 믿을만한 친구들과 네트워크를 형성했고, 자신의 직업에도 일관성을 갖게 되었으며, 많은 도구를 이용해 다른 증상들도 통제할 수 있게 되었다. 그 결과, 그녀의 사고와 기억

처리도 안정을 찾아갔고, 마침내 압도되지 않고 한 번에 한 건씩, 사건에 집중할 수 있게 되었다. 비록 선택은 안했지만, 그녀가 원한다면 기억처리 과정 2단계으로 옮겨가도 별 문제가 없을 정도의 시점에 이른 것이었다.

너무나 강력하고 겁에 질리는 복합적 트라우마 과거를 지닌 대부분의 사람은 안정에 초점을 맞추기만 하면 재니스가 이룩한 정도의 안정을 달성할 수 있다. 과거를 처리할지 하지 않을지의 여부는 그 다음에 선택을 하면 된다. 그러나 많은 사람은 재니스처럼 일상생활의 변화에 만족해하며 뒤를 돌아보는 것에는 거의 관심이 없다.

자신에게 적용하기

이 시점에서 당신은 충분히 안정되었는데 왜, 굳이 과거의 트라우마를 기억해내고 회상한 것을 처리해야 하는지 의아해 할 것이다. 별로 즐겁지도 않은 일인데 그렇게 끔찍한 것을 기억하도록 동기를 부여 받을 사람이 있을까? 단지 기억이 거기 있기 때문에 그런 도전을 감행한다는 것은 말이 되지 않는다. 그런 고통과 분노를 무릅쓰고도 해야 할 유일한 이유가 있다면, 그것은 오로지 뭔가 유용한 것을 얻을 때뿐일 것이다. 실제 일어난 일을 명확히 하거나 사건의 의미를 깨닫는 것이 중요할 수도 있다. 혹은 자신과 사랑하는 이들에게 다시는 그런 일이 일어나지 않기를 바라는 마음으로, 무엇이 잘못됐는지 분별하고자 하는 것과 더 관련이 있는지도 모른다.

그 외에 생각나는 이점에 대해서 아래와 같이 옮겨보았다.

- 자신이 경험한 결과에 따라 자신을 이해하는 방식을 바꾼다.
- 자신을 트라우마에 계속 묶어놓는 부정적인 생각을 가려내고 바꾼다.
- 미래에 유용하게 쓰일 대안적 반응을 상상해본다.
- 사건 당시 얼어붙는 바람에 혹은 방해 때문에 해보지 못했던 방어적 행동, 내지는 동작을 실제로 연습해 본다. 예, 달아나기나 맞서 싸우는 행동
- 자기방어 훈련을 감당한다. 예, 호신술
- 트라우마 때문에 희생된 자산을 되찾는다.
- 트라우마를 막아줄 수도 있었던, 혹은 즉각적인 후유증을 다루는 데 도움을 줄 수 있었던 지지집단에 대해 상상해 본다.
- 다른 결말에 대해 상상해 본다.

다음의 실전연습은 트라우마 기억에 시간을 보내는 게 좋은 생각인지 아닌지를 결정짓는데 도움을 줄 것이다. 그리고 그것을 선택하는 사람은 바로 당신이지, 여기에 나오는 연습은 단지 안내를 할 뿐이다. 이유가 무엇이든, 트라우마 기억을 어떻게 할 것인지 이미 결정을 내렸다면 당신에게 이 연습은 필요가 없다. 그러나 확신이 없거나 의심이 간다면, 이 연습은 자신에게 가장 좋은 것을 분별하도록 도와줄 것이다. 연습에 들어가기 전에, 첫 번째 열쇠에서 개발한 마음챙김 측정기로 각각의 실전연습들을 진단해보라. 한 개나 혹은 그 이상을 건너뛰라고 측정기가 말해줄 수도 있다. 기억처리 여부를 결정하게 되기 전까지는 안정화도 고수하라. 안정화 임무

의 많은 사례는 뒤에 나오는 다른 '열쇠' 들에서도 서술되었다.

실전연습 1

안정감에 대한 평가를 하라. 1 단계

1. 기본적 필수품들이 적절히 충족된 상태인가? 여기에는 안전한 거주지, 음식, 수입 등이 포함된다.
2. 당신 자신을 잘 돌보는가? 규칙적으로 먹고, 목욕하고, 휴식을 취하며, 다른 사람들과 어울리는가?
3. 일상생활의 영위는 어느 정도인가? 아침에 일어나서 필요한 일을 마칠 수 있는가? 가령, 직장에 가고, 집안을 청소하고, 식사준비나 식사를 규칙적으로 하고 있는가? 세탁도 할 수 있는가?
4. 화가 나고 속이 상할때 자신을 진정시킬 수 있는가? 아니면, 도와줄 누군가가 있는가?

실전연습 2

안정감을 늘려주는 도구를 찾아라.

당신을 안정시키고 더 나은 삶으로 인도하는 데 필요한 것을 구체적으로 열거하라. 운동을 좀 더 하기, 새로운 친구 사귀기, 하루의 계획 짜기 등과 같이 여기서 지금 당장 할 수 있는 것에 주목하라. 자원봉사나 미술수업에 참여하는 것처럼, 더 많은 활동을 한다면 도움이 될 것 같은가? 또한 당신의 내부에서 벌어지는 것에 깊이 생각해보라. 생각 처리 과정을 더 잘 통제할 필요가 있나? 아마도 당신은 신경체계의 분노나 흥분에 대해 혹은 그것을 다루는 기술에 대해 더 다양한 지식이 필요할지도 모른다. 당신의 안정성과 삶의 질을 개선하는 매우 실용적인 것들도 있을 수 있다. 애완동물을 키우는 게 당신한테 맞을 수도 있고, 종교나 영적 단체, 스포츠팀, 책 클럽에 가입하는 게 도움이 될 수도 있다. 중요한 것은 모든 선택사항을 고려하는 것이다. 저자가 예로 든 것이나 다른 사람의 의견에 당신 자신을 가두지 마라. 정말 원했지만 가능할 거라고 믿지 않았던 것에 주시를 하라. 원래 거기에 있었지만 미처 깨닫지 못했던 것을 발견하게 된다면, 그것을 들여다본 값어치는 충분히 나온 것이 아닌가?

실전연습 3

기억을 회상하는 것에 대한 장·단점을 도표로 만들어라

종이를 꺼내어 그 한가운데에 선을 수직으로 그어라. 맨 위의 한쪽에는 '장점'을, 그리고 나머지 한쪽에는 '단점'이라고 쓰라. 트라우마 기억의 처리에 찬성하는 생각과 이론은 찬성 쪽에, 단점 쪽에는 그 반대 의견을 적는다. 한꺼번에 다 적어도 되고, 며칠이나 몇 주에 걸쳐 기록한 다음 요점을 다시 점검해도 좋다. 혹은 리스트를 만든 다음, 한동안 종이를 치워버릴 수도 있다. 당신을 지지하는 친구나 가족 구성원, 혹은 전문가와 문제의 초점에 대해 이야기를 나누어 보면 많은 도움이 될 것이다. 명심해야 할 것은, 이들이 당신의 결정을 존중하되 당신이 빼먹거나 간과할 수 있는 어떤 것에 대해 정직한 피드백을 줄 만한 사람이어야 한다는 것이다.

실전연습 4

자신의 유형을 알아라.

위의 이론 섹션의 정보에 근거해서, 당신이 어느 트라우마 유형에 해당하는지 해결된 트라우마, 단일 트라우마, 안정적인 복합적 트라우마, 불안정한 복합적 트라우마 평가해 보라. 당신 자신을 최대한 정직하게 평가하라. 특히, 안정을 평가할 때와 한 번에 하나씩 문제에 집중할 수 있는지를 평가할 때에는 정직해야 한다. 자신의 한계를 인정하는 것이 중요하며 더욱이, 하나의 트라우마에 집중하려 할 때 다른 트라우마와 연쇄적으로 충돌을 일으키는지 혹은 쉽게 압도되거나 쇠약해지는지 여부를 아는 것이 중요하다.

세 번째 열쇠에 대한 평가

마음챙김 측정기와 상식을 이용해 이 열쇠가 당신에게 가치가 있는지 측정하라. 과거 혹은 현재에 집중하는 것에 대해 결정을 내리는 것이 당신에게 유용한가? 이 정보와 연습에 시간을 할애하고 싶은가? 시나리오를 상상하고 측정기의 대답에 주의를 기울여보라. 측정기가 이것이 또는, 이 책의 어느 장이나 아니면 다른 책이 당신에게 맞지 않는다고 말하더라도 걱정하지 마라. 당신에게 옳은 것을 발견하는 능력에는, 당신에게 맞지 않는 것을 구분해내는 능력도 포함된다.

세 번째 열쇠를 어떻게 사용할 것인가 혹은 사용하지 않을 것인가를 계획하기

이 장에서 당신이 배운 것을 어떻게 활용할 것인가? 트라우마 기억에 대해 결정을 내렸는가? 만약 내렸다면, 영원히 지속할 확고한 결정인가? 아니면, 가깝거나 먼 미래에 다시 고려할 것인가?

보충설명

실제 기억나는 것은 없지만 과거의 트라우마에 대해 의심하는 사람들을 위해, 가장 믿을만한 연구는 가짜 기억은 비교적 만들기 쉽다고 말해주는 것이다. 트라우마에 관한 기억을 캐내려고 애쓰는 것은 일상생활을 어렵게 만드는 주범이며, 잘못된 기억을 만드는 가장 쉽고 분명한 방법의 하나이다. 반면, 과거 사건들(특히 테러나 끔찍한 사건들)을 일정 기간 기억하지 못하거나 완전히 잊어버린 트라우마 생존자의 예도 우리는 많이 보게 된다. 아무 증거도 남아 있지 않은 기억을 발굴하려고 애쓰는 것은 보통 치유보다는 큰 혼란을 유발한다. 과거에 트라우마를 겪은 것처럼 느껴지지만 그에 대한 당신의 인상을 설명해 줄 수 있는 기억이나 정보가 없다면, **여기** 그리고 **현재**에 그냥 찰거머리처럼 달라붙어라. 당신의 일상적인 삶을 질적으로 향상시키려면, 증상을 통제하고 완화하는 것에 집중을 해야 한다. 확실하지도 않은 미지의 과거를 캐지 마라. 너무 많은 이들이 잘못된 방향으로 오도되는 바람에 심각한 폐해를 겪었다.

네 번째 열쇠

➔ 플래시백을 멈추어라!

지혜의 책에서는 정직이 그 첫 번째 장이다. *-토마스 제퍼슨*

당신이 당신 자신에게 말하는 것에 신경을 쓰라. 실제로 당신에게 영향을 미치는 것이 바로 그것이기 때문이다. 특히, 트라우마에 관한 문제에서는 더욱 그러하다. 자신이 스스로에게 어떻게 말을 걸고, 자신의 두뇌 안에서 무엇을 말하는지가 감정적, 신체적 느낌에 엄청난 차이를 가져온다는 것은 오랫동안 잘 알려진 사실이다. 방대한 양의 문헌조사가 이것을 입증하고, 인지치료 예, 인지 행동치료, 변증법적 행동치료, 이성적 감정을 자극하는 치료, EMDR 치료 들은 이 토대 위에 세워진 것이다. 게다가, 이는 상식적인 것으로 자신에게 쉽게 증명해 보일 수 있는데, 아마도 이미 당신도 경험해 보았을 것이다. 자, 지금 당장 시험을 해보자. 먼저, 자신에게 긍정적인 것을 말한 다음, 무언가 비판적인 것을 말해보라. 자신에게 각각 어떻게 영향을 미치는가? 비판적인 말이 당신을 불안하게 만들고 맥이 빠지게 만드는가? 편안한 말이나 칭찬이 당신을 차분하게 하고 기운을 북돋아 주는가?

트라우마 치유로 그 영역을 좁혀보자. 내면의 대화는 매 순간, 그리고 일상생활에서 당신이 얼마나 안정적으로 느끼거나 혹은 압도됐다고 느끼는지를 결정짓는 중요한 역할을 한다. 내면의 대화는 두 번째 열쇠 장에서 논의한 것처럼, 생존을 포함한 지금 당신이 처한 현실을 인식하도록 안내하는 데 상당한 기여와 그 역할을 담당한다. 이번 네 번째 열쇠는 당신이 처한 현실, 특히 플래시백에 대해 자신과 대화하는 법을 바꿈으로써, 트라우마 치유를 돕고 그것을 매끄럽게 만드는, 내면의 대화를 숙달하도록 도와줄 것이다.

실질적인 문제

외상후스트레스장애(PTSD)의 중요한 특징인 플래시백은 당신을 매우 흥분시킬 뿐만 아니라, 극도로 혼란스러운 것이기도 하다. 만일 당신이 플래시백으로 말미암아 극심한 고통에 시달리고 있다면, 그 이름이 암시하듯 당신은 실제로 트라우마의 상황으로 다시 돌아가고 있는 것처럼 느낄 것이다. 즉, 트라우마가 현재 진행 중이거나 다시 일어날 것처럼 느낀다는 말이다. 플래시백 침입은 적이다. 이것은 마치 초대받지 않은 손님처럼 들이닥쳐 본래 사건의 감정과 감각, 이미지를 다시 불러일으키며 강타를 한다. 매우 강력하며 압도적이고, 실제 감각을 뒤흔들어 놓는 이 플래시백 때문에 고통을 겪는 많은 사람은 트라우마를 고스란히 다시 체험하고 있다고 믿는다. 플래시백이 실제를 방불케 하는 이유는 우리의 몸에서 유사한 정도의 스트레스를 사실상 유발하기 때문이다. 이는 트라우마 때와 똑같은 호르몬이 혈관을 따라 흐르는 것인데, 심장이 뛰면서 근육과 다른 신체 조직으로 하여금 트라우마의 상황에 그러했듯이 동일한 반응을 하도록 준비시키는 것이다. 심지어 그때와 똑같은 자세 방어적 자세를 취하거나 웅크리는 것를 취할 수도 있다. 예를 들어, 트라우마로 고생하는 많은 군인은 전쟁 경험의 플래시백이 엄습할 때면 자신을 보호해줄 만한 곳으로 몸을 날린다. 또한 자신의 마음속으로 그 트라우마의 장면을 보거나 소리를 듣는 사람들도 있는데, 이는 직접적인 감각의 영역이 확장되기 때문이다. 그리고 일반적으로 이들은 마치 사건이 지금 일어나고 있는 것처럼 플래시백에 대해 묘사하거나 이야기하기도 한다.

"그게 다시 일어나고 있어."
"방금 폭탄이 터지는 걸 들었어!"
"그 공격자가 여기 이 방 안에 있어."
"왜 이것이 계속, 반복해서 일어나는 걸까?"

플래시백을 약화시키거나 없애려면 이에 대한 정확한 분류가 필요하다. 플래시백은 과거 사건의 반복도, 재생도 아니다. 다만, 과거 사건과 연관된 하나의 기억일 뿐이다. 이것이야말로 결정적으로 중요한 차이이고 여기에서 되풀이해서 강조할 가치가 있는 말이다. 다시 말하지만, 플래시백은 하나의 기억일 뿐이다. 그것이 아무리 강렬할지라도 또는 그것이 당신을 바보로 만들어 트라우마가 실제 다시 일어나고 있거나 여전히 진행 중이라고 믿게 할지라도, 그것은 기억일 뿐이다.

과거와 관련된 사건에 대해 말하고 있음에도 위에서 언급한 네개의 문장이 현재시제로 표현되고 있음에 주목하라. 흔히들 트라우마 생존자들은 플래시백이 엄습할 때 이런 식으로 얘기하지만, 그런 말들 – 마치 그것이 지금 발생하고 있는 것처럼 과거의 트라우마를 표현하는 방법 – 은 실제로 문제를 악화시킨다. 당신 자신에게 말하는 것이 중요하다는 것을 명심하라. 당신 자신에게 말을 걸 때 지금 일어나고 있음을 가리키는 현재시제를 사용한다면, 정말 지금 일어나고 있는 것처럼 느껴질 것이다. 마치 현재인 것처럼 과거를 묘사하면, 당시와 똑같은 신경체계 반응이 유발되면서 당시와 비슷한 공포와 혼란을 느낀다. 그러한 고통스런 반응은 끈질기게 지속될 뿐더러 일상을 영위하는 능력을 훼손시킨다.

플래시백이 그런 식으로 당신을 거머쥐게 할 필요는 없다. 사용하는 용어나 동사시제를 약간만 손질해도 엄청난 영향을 당신에게 미칠 수가 있다. 아래의 예는 두 가지 방식의 언어가 플래시백 경험을 어떻게 바꾸는지를 보여주는 것이다. 나는 이 두 가지를 모두 사용할 것을 권한다. 첫 번째는 단지 현재시제를 과거시제로 바꾸는 것이다. 동사시제를 바꾸면 대화는 정확해 진다. 이 두 가지 예의 차이에 주목을 하라.

"폭탄이 터지는 소리가 들려!" 와,

"그 때 당시에 폭탄이 터졌을 때, 나는 그 소리를 들었었어."

"그가 나를 붙잡고 있어!" 와,
"나는 공격당했었어."

그 시제를 대체한 문장에서 보듯이, 과거 동사를 사용하면 트라우마는 과거에 일어난 것이고 지난 역사의 한 부분임을 실감하게 해준다. 물론 플래시백 자체는 지금 일어나는 것임으로, "나는 플래시백을 겪고 있다." 라고 말하는 건 옳다.

플래시백을 멈추거나 경감시키는데 이용되는 언어를 이용한 두 번째 방법은, 있는 그대로 플래시백을 이해하는 것이다. 다시 말해서, 플래시백은 기억일 뿐이다. 플래시백은 아주 오래전에 발생한 어떤 것에 대한 매우 강렬한 기억이다. 명백하게, 이것은 보통의 기억은 아니다. 이것이 특이한 이유는 감각적 강렬함 때문이다. 감각적 강렬함 때문에 그 때가 '지금' 으로 착각되는 것이다. 그럼에도 불구하고, 그것은 기억에 불과하다. 플래시백은 기억에 불과하다는 단순한 본질을 깨닫는 것만으로, 그 강렬함의 효과는 순식간에 약화되고 심지어 멈추게도 된다.

이 책이 출판되기 전에 초고를 검토하던 출판사 편집장 데보라 말머드는 특히 이 부분에 대해서 의문을 품었다. 그녀는 왜 플래시백이라는 단어가 과거와 현재의 분리를 가리키는데 적절하지 않은지 궁금해 했다. 그녀의 문학적인 생각으로는, 그 용어는 분명히 과거의 어떤 것을 암시했던 것이다. 즉, 플래시백이란 용어의 '백back' 말이다. 그러나, 내가 만난 사람들은 예외 없이 모두 다, 최소한 어느 일정 기간만큼은 과거와 현재를 혼동하는 것 같았다. 그리고 바로 이점이 '기억memory' 이라는 단어를 자유롭게 사용하는 것에 대해서 내가 까다롭게 구는 이유이기도 하다.

현재에 과거를 사는 리암의 사례

여덟 살 때, 어느 사제에게 강간을 당한 32살의 리암은 강간이 마치 반복적으로 발생하고 있는 것 같은 삶을 살고 있었다. 그는 강간에 대해 빈번하고도 세밀한 플래시백을 겪었다. 강간이 발생했던 사제관과 사제등과 관련된 플래시백들 이었다. 단 한 번 있었던 이 끔찍한 사건은 십대 시절과 대학 그리고 결혼까지 계속 그를 따라왔다. 그의 아내는 매우 이해심이 강한 여자여서 끊임없는 재확신과 통제를 필요로 하는 남편을 도와주는데 최선을 다했다. 그러나 리암은 그나마 미약하게 존재했던 균형감을 점차 잃어가고 있었다. 7살 반이 된 그의 아들이 그가 비극을 겪었던 그때의 나이에 이르자 플래시백은 점점 더 기승을 부리며 리암을 찾아왔다. 그와 그의 아내는 아들의 여덟 번 째 되는 해에 어떻게 대처해야 할 지 두려워졌다.

그는 종종 강간에 대해 언급했다. 나는 그의 언어에 흥미가 있었다. 사건에 관해 언급할 때 그가 현재 동사시제를 사용한다는 것을 발견했기 때문이었다. 나는 이것을 지적하지 않고 두 번째 미팅 때까지 기다렸다. 나는 먼저, 우리가 어느 정도의 관계를 성립하는 것이 더 중요하다고 생각했기 때문이었다. 그가 나의 그런 피드백을 비판이 아니라 지지로 받아들이게 하고 싶었다. 내가 마침내 그 말 –"강간에 대해 말씀하실 때, 현재시제를 사용하는 경향이 있다는 것을 본인 스스로가 한번이라도 눈치 채신 적이 있나요?"– 을 꺼내자 그는 아주 놀라는 것 같았다. 어느 정도 자신을 추스른 뒤 그는 "제 생각엔, 그게 지금 일어나고 있다고 느끼기 때문인 것 같습니다." 라고 대답을 했다. 이 사례는 플래시백이 어떠한 것인지에 대한 완벽한 설명이었다.

이론의 적용

이 네 번째 열쇠에 특히 관련이 있는, 두 가지 이론적 정보가 있다. 첫 번째 이론은 해마체가 트라우마를 우리 삶에서 흔히 발생하는 다른 사건들과 똑같이 기억하도록 돕는 것이다. 두 번째는 우리의 내부적 실재와 외부적 실재를 구별 짓는 감각적 신경체계의 역할과 관계가 있다.

억눌린 해마체 THe Hippocampus

두 번째 열쇠에서, 나는 트라우마의 처리와 기억에 관여하는 해마체와 편도체의 중대한 역할에 대해서 설명했다. 다시 한번 말하자면, 트라우마가 일어나는 동안 해마체는 스트레스 호르몬에 너무나 압도된 나머지 기능을 잘 못하거나 아예 멈추기도 한다. 이렇게 되면 해마체는 트라우마의 기억을 개인사의 한 과거로 적절히 기억하며 정리하도록 도와주는 정확한 시간적 전후 맥락을 알 수 없게 만든다. 시작과 중간 그리고 특히 그 끝을 분명히 해주는 해마체의 도장이 찍혀지지 않으면, 두뇌와 신체는 트라우마가 아직도 진행 중이거나 반복하고 있다고 인식을 한다. 이것이 외상후스트레스장애(PTSD)에서 가장 어려운 부분인데, 마치 트마우마를 일으킨 사건이 끈질기게 지속되거나 정기적으로 반복하고 있는 것처럼 마음과 몸이 반응하는 것이다.

리암의 경우와 혹은 트라우마로 인해 계속해서 고통을 겪는 전형적인 사례들에서 보듯이, 이들은 마치 반복적으로 정신적 외상을 입고 있는 것처럼 느끼거나 행동을 한다. 그리고 그 패턴은 끝이 없어 보인다. 이 악순환의 고리를 끊으려면, 해마체가 다시 적절한 기능을 하도록 도와주어야 한다. 전에도 말했듯이, 이 책의 열쇠 중 많은 것들이 그것을 도와주지만 특히 이 네 번째 열쇠는 직접적으로 이 목표를 조준하고 있다. 즉, 마음과 몸, 이 둘 다에게 더 나은 정보를 제공함으로써 개인으로 하여금 과거와 현재를 분리하도록 돕는 일이다.

사실, 과거 사건에 대해 말하면서 마치 지금 일어나는 것처럼 말한다는 것은 정말 말이 되지 않는다. 물론, 플래시백이란 것이 사건이 지금 일어나고 있는 것처럼 느끼게 만들지만, 진실은 절대로 그렇지 않다는 것이다. 그리고, 그저 조금만 언어를 손질하기만 해도 이를 교정하는 것이 가능하다. 즉, '사실fact' 을 정확하게 표현하는 것으로써, '트라우마는 과거 속에 있으며', '동사를 과거시제로 바꾸고 플래시백을 기억이라고 부르는 것으로 족하다' 와 같은 방법을 사용하는 것이다. 나는 그렇게 겉보기에는 작은 변화가 트라우마 생존자들에게 시동을 걸어그렇게 시동을 걸리는 것이 생전 처음인 사람들도 있었다서, 똑같은 트라우마가 다시는 일어나지 않는다는 사실을 그들이 깨닫는 경우도 많이 보았다.

내부와 외부의 현실

플래시백을 해결하는 또 다른 도구는 신체의 감각체계를 이해하는 데 있다. 트라우마는 우리의 감각이 감지하는 자연스런 규칙을 교란시키며, 실제 위험이 없는데도 위험하다고 속이거나 반대로 위험한 경우에도 위험하지 않다고 말을 한다. 감각체계의 관찰과 해석을 정상적으로 만든다면, 건강한 균형을 유지할 수 있고, 자신을 둘러싸고 있는 상황과 환경에 대해 더 나은 판단을 내리도록 도울 수 있다. 이렇게 되면, 플래시백을 겪을 때, 강렬한 플래시백의 감각적 측면들이 실제 장소에서 벌어지는 것이 아니라 사실은 자신의 마음과 몸에서 발생하는 것임을 깨닫게 될 수 있다.

생리학에 관한 작은 정보를 이용해 이를 명확히 해보자. 우리는 두 개의 감각 체계를 가지고 있다. 하나는 우리 몸 안의 내부에 존재하는 내면의 실제와 연결되어 있고, 다른 하나는 우리를 둘러싸고 있는 세계인 외부 현실과 연결되어 있다. 표피적인 감각은 '오감'이라 불리는데 이는 청각, 시각, 맛, 촉각, 후각을 의미한다. 이 감각들은 모두 우리 몸의 바깥에 존재하는 외부 환경으로부터 정보를 수집한다. 예, 보고 듣는 것 내부 감각에는 균형감각, 내부에서 일어나는 것을 느끼는 능력 예, 복부의 울렁거림, 맥박, 호흡, 떨림, 근육통 그리고 자기수용성감각proprioception등이 있는데 자기수용성감각이란 신체의 모든 부분을 적당한 공간에 두게 하는 기능 예를 들면, 발을 쳐다보지 않아도 안전하게 걷는 것 등과 같은, 신체의 위치감각을 지칭하는 것이다..

보통, 외부감각은 우리의 환경 "이 상황이 안전한가?"을 평가하고, 내부감각은 내부에서 일어나는 것 "내가 지금 배고픈 건가 아니면, 목이 마른건가?" "내가 지금 슬픈 건가? 아니면 행복한 건가"을 평가한다. 그러나 불행히도, 플래시백이나 외상후스트레스장애(PTSD), 또는 불안과 공황으로 인해 고통을 겪는 많은 사람들은 뭔가 아주 다르게 하는 경향이 있다. 즉, 이들은 일상적으로 내적 느낌에 의해 외부적 현실을 평가하는데, 이는 퇴보적일 뿐만 아니라 위험한 행동이기도 하다. 예를 들면, 실제로 눈에 보이거나 들리는 것보다는 불안한 느낌에 근거해 상황을 판단하고, 무엇인가가 플래시백을 촉발하기 때문에 길거리를 걷는 것은 안전하지 않다고 판단을 한다. 따라서 이는 위험한 행동이라고 말하지 않을 수 없다.

지금 나는 여기에서, 첫 번째 열쇠에서 배웠던 마음챙김 측정기를 사용하는 것에 대해서는 말하지 않고 있다. 마음챙김 측정기는 자신의 선호를 파악하기 위해 내면의 상태에서 나오는 주관적 신호를 이용하는 것과 관련 있다. 그리고 첫 번째 열쇠에서 논의했듯이, 당신은 아무쪼록 상식을 통해 결론을 단련시키기 바란다. 그러나 플래시백을 해결하려면, 당신을 둘러싼 직접적인 환경과 신체적 안전과 위험을 알려주는 구체적인 신호에 대해 객관적인 평가를 해야 한다. 당신이 있는 곳을 둘러보고 실제 일어나는 소리를 듣는 것만이, 트라우마가 지금 다시 일어나고 있지 않으며 지금 상황이 안전한지 아닌지를 알게 해주는 유일한 방법이다.

플래시백에 압도된 나머지 지금 트라우마를 다시 경험하고 있다고 믿는다면, 의식적이든 무의식적이든 당신은 실제 환경을 무시하고 있는 것이다. 유일한 예외로는 예를 들어, 진짜로 다시 공격을 당하는 경우일 것이다. 이때는 플래시백이 아니라 부가적인 트라우마로 분류가 된다. 내부감각에 의해 외부 현실을 평가하는 것은 플래시백에게 주도권을 넘기는 것과 같다. 온갖 끔찍한 감각적 자극은 트라우마의 기억인 우리 몸의 내부에서 발생하는 것이다. 주위 환경의 그 어떤 것이 플래시백을 촉발할 가능성도 분명히 있지만 이들은 어떤 색깔이나 소리처럼 무해한 편이다. 이것들이 마치 상처받은 신경체계에 "위험해, 위험해!" 라고 항상 소리를 지르는 것과 같다. 가장 안전한 장소에 있으면서도 외부보다 내부에서 일어나는 것에 더 집중하기 때문에 자신이 안전하다는 사실을 인식할 수가 없다. 그리고 이와 유사하게, 실제 위험이 닥쳤을 때에도 시선을 바깥보다 내부에 두기 때문에 위험을 눈치 채지 못 할 수도 있다.

이는 엄청난 불이익이다. 안전한 것을 정말 감지할 수 없다면 실제 위험도 감지할 수 없다. 늑대가 온다고 외쳤던 양치기소년의 상황과 비슷한 것인데, 마침내 진짜 위험이 닥쳤을때 누구도 그를 믿어주는데 관심을 갖지 않았던 상황을 말하는 것이다. 론 레이머Lone Reimert가 한 번은 내게, 문자 그대로 번역을 하자면 '트라우마에서 치유된다는 것은 두려움에 더욱 잘 맞서게 되는 것이다.' 라고 말한 적이 있다. 그녀가 한 말은, '트라우마로부터 치유된다는 것은 두려움에 접근하는 능력을 다시 얻는 것과 마찬가지' 라는 의미이다. 마치 든든한 친구처럼 말이다.

진짜로 안전을 원한다면, 당신은 당신 자신과 상황을 함께 보거나 이야기를 나눌 필요가 있다. 그렇게 할 때만이 내부와 외부의 감각을 모두 이용할 수 있다. 그리고 이것만이 상황 전체를 측정할 수 있는 유일한 방법이다. 플래시백이 나타나는 동안, 그 중재interceding를 위해서 밟아야 할 세 가지 중요한 단계가 있다.

1. 끔찍한 기억 내부적 감각들과 연결된 내부 경험에 집중할 것.
2. 주어진 환경 외부적 감각들에 대해 정직하게 평가할 것. 두 번째 열쇠에서 스테파니는이렇게 확신을 했다. '우리는 도시의 공원에 있고 나는 42살이다. 내가 만약 그때 말벌에서 벗어나지 못했다면 나는 당신과 여기 있을 수 없다.'
3. 두 번째 단계에 기초해서, 현재 상황이 안전한지 아닌지를 선언할 것.

이것을 완성하려면, 전혀 위험하지 않은 상황이지만 동시에 매우 두렵다고 느낄 수도 있다는 가능성을 기꺼이 염두도 해야 한다. 그리고 이 기술을 충분히 발전시킨다면, 두려움을 느끼거나 플래시백을 경험할 때라도 반면에 어느 한편으로는 안전하다는 것을 분별할 수가 있을 것이다. 또한 마찬가지로, 주위 환경을 정확하게 평가하기 위해 외부적 감각을 사용하기 때문에, 그 위험도 더욱 잘 감지할 수 있을 것이다.

열쇠의 발견

두 번째 만났을 때, 리암이 강간이 마치 지금 벌어지고 있는 것처럼 말하면서 플래시백에 빠져들자 나는 개입을 했다.

"그만해요, 리암." 나는 단호하게 말했다. "그것은 끝이 났어요. 당신이 지금 내 사무실에서 느끼고 있는 것은 여덟 살 때 일어났던 기억이에요. 오래전에 강간당했을 때를 기억하고 있는 것 뿐 이예요. 당신은 지금 성인 남자예요. 나는 당신이 지금 강간당하고 있지 않다는 것을 확신하고 또한 분명히 보고 있어요."

내가 이 말을 몇 번을 반복하고 나서야 그는 간신히 내게로 시선을 돌렸다. 마침내 그는 "나는 기억하고 있다." 라는 말을 되풀이 했다. 그리고 또다시 몇 번을 반복해서 그 말을 했다. 그가 내뱉은 처음 몇 번의 반복은 진술보다는 마치 하나의 질문처럼 들렸다. 그러나 조금씩 시간이 지나자 그의 초조함은 누그러졌다. 그리고 몇 분 후에, 그는 깊은 심호흡과 함께 나를 정면으로 쳐다보았다. "그게 기억인가요?" 그가 물었다. "그렇게 오랫동안 내가 고생한 것이 그저 기억에 불과한가요?"

"겉보기엔 참 간단해 보이죠, 그렇지 않은가요? 하지만 물론 더 복잡합니다. 당신은 분명히 그 때 강간을 당했지요. 그리고 그 때 이후로 수많은 문제를 다뤄야 했지요. 신체의 감각과, 수치심, 자긍심, 다른 사람에 대한 신뢰, 기타 등등요. 그러나, 맞아요. 비록 당신에게는 생생할지 모르지만, 당신을 괴롭혀 온 플래시백은 하나의 기억일 뿐입니다."

리암은 한숨을 쉬더니 자신의 손에 머리를 파묻었다. 그리고는 몇 분

동안 흐느꼈다. 그리고 평정을 되찾자 그는 나에게 자신이 강간 때문에 매우 슬펐으며 그 때 이후로 항상 고통을 느꼈다고 말했다. 그리고 이렇게 슬피 울어 본 것은 처음이라고 말했다.

다음 단계는 리암으로 하여금 플래시백이 엄습할 때, 외부감각을 사용하도록 돕는 것이었다. 여기에는 약간의 연습이 필요했지만 결국 그는 플래시백이 벌어지는 동안에도 주위 환경을 계속 인식할 수 있게 되었다. 아래 실전연습2는 당신 스스로 배울 수 있는 지침 사항이다.

리암은 그 뒤에도 정기적으로 플래시백을 겪었지만, 우리는 그가 안정감을 찾고 그의 일상생활이 개선이 되도록 지속적인 작업을 해나갔다. 당연한 결과이지만, 그가 현재 강간에서 벗어났다고 점점 확신하게 됨에 따라 플래시백은 점차 그 힘을 상실했다. 이런 작업과 그의 안정감을 향상시키는데 1단계까지는 거의 일 년이 걸렸다. 이제, 그가 일관성 있게 안정적이라는데 우리는 의견의 일치를 보았고, 마침내 그는 강간의 기억에 직접 대면하는 단계로 2단계 나아가기를 원했다. 기억의 처리가 진행되는 동안에 그의 플래시백은 다시 짧게 증가했지만, 우리가 쌓아올린 작업의 토대 덕분에 그는 자신이 대처하고 있는 것이 비록 간단한 것은 아니지만, 순수한 기억에 불과하다는 것을 절대 잊어버리지 않았다.

자신에게 적용하기

플래시백이 정말 단지 하나의 기억에 불과하다는 인식은 당신에게 쉽게 다가올 수도 있고 그렇지 않을 수도 있다. 하지만, 일단 이 진실을 거머쥐게 되면 트라우마를 일으킨 과거와의 관계는 변하게 되어있다. 이렇게 되기까지 시간이 걸릴지라도 절대로 낙담하지 말라. 목표에 시선을 계속 고정한다면 만족스런 결과를 갖게 될 것이다.

아래의 실전 연습은 여기에 필요한 기술을 연마할 수 있도록 고안된 것이다. 궁극적으로, 플래시백은 문자 그대로 기억에 불과하며 과거에 일어난 사건에 불과하다는 것을 깨닫도록 도와줄 것이다. 실전연습을 하면서 당신의 목표는 트라우마에 관한 기억이 본래 있어야 할 자리인 과거로 돌아가도록 돕는 것이며, 그것들이 현재의 일상에 침범 하지 못하게 막는 것임을 명심하라.

실전연습에 들어가기 전에, 이것이 당신에게 맞는지 여부를 판단하는 한 가지 주요 기준이 있다. 그것은 '당신은 플래시백을 경험하는가?' 인데, 만일 그 대답이 '아니오' 라고 나온다면 몇 가지 다른 상황에 이 원칙들을 유용하게 쓸 수 있을지라도 이 연습은 당신을 위한 연습이 아니다. 하지만, 플래시백을 경험하고 있다면 플래시백을 통제하게 될 때 혹시 어떤 부정적인 결과를 초래할 가능성은 없는지 먼저 심사숙고를 하라. 플래시백을 통제하게 될 때 대부분의 사람들은 안도의 한숨을 내쉬지만, 그런 생각이 다소 위협적이라고 여기는 소수의 사람들과도 나는 만난 적이 있다. 당신이 만일 여기에 해당된다면, 이 장에서 소개하는 개념과 실전연습의 목표에 더 편안함을 느끼게 될 때까지 연습을 미루기 바란다.

실전연습 1

두 번째 주문 A Second Mantra

너무 단순하게 보일지 모르지만 어쨌든 이 연습을 시도해보라. 그 대신 정확하게 해야 한다. 당신의 플래시백은 기억에 불과하다. 트라우마가 다시 일어나는 것이 아니다. 플래시백이 엄습할 때 분명한 말로 당신의 머릿속에 큰 소리로, 혹은 음성 녹음기를 이용하거나 당신이 쓰고 읽을 한 장의 종이 위에 그것은 하나의 기억이며, 트라우마는 지금 일어나고 있지 않다고 자신에게 상기를 시켜라. 플래시백이 진행되는 동안에 도저히 이렇게 할 수 없다면 일단 플래시백을 확실하게 약화시켜라. "진실로 느껴졌는지 모르지만 그건 기억일 뿐이었어. 지금은 모두 끝났어."와 같은 표현을 할 수 있는 몇 가지 방법을 먼저 적은 다음에, 그중에서 당신에게 가장 와 닿는 한 두 가지를 골라 시험을 해 보라. 그런 뒤에 가장 효과가 있는 것을 체크하라. 그런 말이 적힌 카드를 주머니에 넣고 다니면서 필요할 때마다 꺼내 봐도 좋다. 어떤 사람들은 음성사서함을 이용하기도 하고, 핸드폰 음성기록기에 메시지를 남기기도 한다.

실전연습 2

구체적인 주문 Mantra Specific

리암은 기본적인 생각을 윤색하여 자신만의 새로운 주문을 만들었다. 플래시백이 엄습할 때 그는 이렇게 말했다. "나는 8살 때 나에게 일어났던 걸 지금 기억하고 있다. 그것은 24년 전이다. 그 때 이후로 그 사건은 다시는 일어나지 않았고 지금도 일어나고 있지 않다. 그 사건은 정말 끔찍했고, 기억하는 것 역시 끔찍하다. 그리고 나는 그것이 단지 기억일 뿐이고, 정말이지 더 이상 일어나지 않아서 기쁘다."

어떻게 하면 현재 상태에 대한 당신만의 진실을 가장 잘 표현할 수 있을까? 리암의 것에 영감을 얻어 몇 가지 다른 방식을 적어보라. 자신이 직접 실험을 해본 뒤 각색을 해도 좋다. 당신에게 가장 알맞은 말을 찾을 때까지 계속 수정을 하라. 그러나 주문을 만들 때 트라우마의 세부사항을 절대 포함시켜서는 안 된다. 세세한 것을 첨부하면 플래시백이 약화되기는 커녕 더 강력하게 될 수가 있다. 주문은 간결한 것이어야 한다.

실전 연습 3

플래시백 계획안 Flashback Protocol

당신은 조직화된 절차를 여러 가지 방법으로 적용할 수 있다. 나의 첫 번째 저서인 '몸은 기억한다The Body Remembers' 에서 인용함

- 플래시백이 일어날 때, 그것의 충격을 멈추거나 최대한 줄인다.
- 당신이 맞서고 있는 상황 즉, 플래시백을 유발할 것 같은 상황에 대비한다.
- 플래시백 지침서를 '아침 조례' 의 하나로 만든다. 그래서 필요할 때면 언제든지 자동적으로 나오게 한다. 예를 들어, 학교의 소방대피 훈련은 아이들을 실제

화재에 안전하게 대응하도록 준비를 시키는 것이다.

친구나 가족에게 이 계획안을 알려서, 당신이 플래시백을 일으킬 때 도와주도록 만들어라. 핸드폰이나 기록 장치에 각 단계를 녹음해 놓은 다음 버튼 한 번만 누르면 이 계획안이 재생되어 나오도록 만든 사람들도 있다.

아래에 각 단계별로 서술해 놓았다. 당신만의 상식과 마음챙김 측정기를 이용해 가장 알맞은 계획안으로 편집해보라. 여러 다양한 방식으로 실험한 다음 당신에게 가장 효과적인 것을 찾으라.

당신의 몸을 감지할 때 스트레스를 더 느낀다면 첫 번째 단계는 건너뛰고 두 번째부터 해도 좋다. 나중에 더 안전하다고 느낄 때 해도 된다. 지침서가 반드시 성공적일 필요는 없다.

1. 당신의 내부감각에 주의를 기울여 예를 들면, 심장박동, 호흡 변화, 현기증, 손바닥에 땀이 나는 것, 떨리는 다리, 차가운 손 또는 복부의 울렁거림과 같은 감각들에 이름을 붙여보라.
2. '나는 두렵다' 와 같이 당신이 무엇을 느끼는지 당신의 정서적 느낌을 확인하라.
3. 상기의 증상이 모두 기억에 대한 반응에 불과하다는 것을 스스로에게 분명히 언급하라. 원한다면 플래시백에 제목을 붙여도 된다. 그러나 그 제목이 세 단어를 넘어서는 안 된다. "이런 증상을 겪는 이유는 내가 그 공격The Assault을 기억하고 있기 때문이다."
4. 외부감각으로 당신의 주의를 돌려, 당신이 현재 보고 듣고 냄새 맡는 것

과 같은 예시를 최소한 세 개 이상을 들어보라. '나는 옆집의 잔디 깎는 기계 소리를 들을 수 있다.' '나는 앞 창문을 통해 들어오는 햇빛을 보고 있다.' '나는 토스터기의 빵에서 계피 향을 맡는다.'

5. 년도, 달, 날짜를 포함해서 오늘이 무슨 요일인지를 확인하라.
6. 마지막 두 단계의 정보에 근거해, 당신이 처한 현재 상황이 안전한지 혹은 위험한지 평가하라.
7. 플래시백을 겪고 있음에도 불구하고 당신이 실제로 안전하다고 느낀다면, 당신 자신에게 이렇게 말하라. '나는 지금 플래시백을 겪고 있다. 그리고 나는 어떠한 위험에도 처해 있지 않다.' 또는, '[트라우마의 제목]은 지금 일어나고 있지 않다. 또는 더 이상 일어나고 있지 않다.'
8. 당신이 지금 안전한 환경에 있지 않다면 안전을 먼저 추구하라.

위의 모든 계획안을 조합하여 만든 한 가지 예문을 아래에 소개 하였다. 물론, 당신의 진술은 당연히 아주 다르겠지만, 당신에게 반드시 필요한 적절한 요소들만 포함시키면 된다.

"나는 정말 겁에 질려있다. 내 심장은 뛰고 있고 몸이 덜덜 떨릴 정도로 심한 추위가 엄습해 온다. 내가 당한 열 살 때의 공격을 기억하고 있기 때문이다. 동시에 나는 거실을 둘러본다. 초록색 소파와 납작한 화면의 텔레비전, 그리고 남편의 신발이 보인다. 나는 또한, 남은 음식을 다 데웠다고 알리는 전자레인지의 알림 소리를 들을 수 있고, 나의 아들이 딸에게 소리치는 걸 들을 수 있다. 나는 달력에서 그 후로 30년이란 세월이 흘렀음을 본다. 그러므로 그 공격이 오래전에 있었던 일이고, 지금 일어나는 것이 아님을 또는 다시는 일어나지 않을 것임을 안다."

네 번째 열쇠에 대한 평가

마음챙김 측정기와 상식을 이용하여 플래시백을 기억으로 구분 하는 것이 당신에게 유용한지를 스스로 물어보라. 이 플래시백 계획안의 유용성에 대해서 나는 아주 확신을 하지만, 또 동시에 이것이 모든 사람들을 위한 것은 아님을 역시 잘 알고 있다. 만일 이것이 가능성은 있지만 효과가 없다면 당신에게 가장 잘 맞는 형식을 찾을 때까지 다양한 편집을 시도해보라. 만일 효과가 전혀 없다고 판단이 되면 옆으로 밀어 놓아라. 필요할 때 나중에 다시 꺼내어도 되고 아니면, 당신의 레퍼토리에서 제거할 수도 있다.

네 번째 열쇠를 어떻게 사용할 것인가 혹은 사용하지 않을 것인가를 계획하기

당신의 기억은 과거에 일어난 것이고 플래시백은 기억에 불과하다는 것을 자신에게 상기시키는데 가장 적절한 시간과 장소는 어디일까? 플래시백이 발생할 때까지 기다리는 것이 가장 좋을까 아니면, 다가올 플래시백에 대해 계획하고 리허설을 하는 것이 가장 좋을까?

당신이라면 자신에게 플래시백이 하나의 기억이라는 사실을 어떻게 상기를 시킬 것인가? 화장실 거울에 메모를 해놓을까 혹은 손바닥에 적거나 그려볼까? 어떤 사람들은 동전, 돌, 아이팟, 핸드폰등과 같이 현재를 알려주는 물건을 사거나 자신이 그 물건들을 지정하기도 한다. 이를 테면, 어린 시절에 겪었던 트라우마의 플래시백이 엄습할 때 주머니나 지갑에서 핸드폰을 꺼내어 현재라는 걸 상기할 수도 있다. 어떤 게 당신에게 가장 효과가 있는지 그것을 찾기 위한 실험을 해보라.

다섯 번째 열쇠

➔ 스스로를 용서하고 수치심과 화해하라!

자기용서는 자기치유에 필수적이다. *– 루스 카터 스태플톤*

5A. 당신의 한계를 용서하라

어떤 사람들에게 있어 트라우마 치유의 열쇠는 트라우마 후 계속 따라다니는 죄의식이나 수치심과 화해하는 문제일 것이다. 특히 트라우마에서, 수치심과 용서는 종종 연결이 될 때가 많다. 따라서 나는 수치심과 용서를 같은 열쇠로 보지만, 다른 측면으로 나누어 기술을 하려고 한다. 즉, '당신의 한계를 용서하라' 는 열쇠 5A에, 그리고 '당신의 수치심을 공유하라' 는 열쇠 5B로 분류해 놓았다.

용서를 다루는 자조 책들은 대부분 다른 사람들을 용서하는 데 초점을 맞추고 있다. 하지만 나는 이 장에서 다소 무시된 용서의 국면특히 트라우마 생존자들과 관련 있는에 주의를 기울이고자 하는데, 여기에서 말하는 것은 바로 자기용서이다. 당신은 트라우마에 대해 자신을 용서하는데 어려움을 느끼는가? 만약 그렇다면 당신만 그런 것은 아니다.

당신은 2009년 1월에 있었던 '허드슨 강 위의 기적'이라고 알려진 항공기 추락 사고를 기억할 것이다. 조종사 첼시 설른버거는 이륙한지 몇 분도 채 지나지 않은 '에어버스 320'을 아슬아슬하게 수면위로 불시착시켜야 했다. 이륙하는 과정에서 새가 비행기에 부딪치는 바람에 엔진 두 개가 고장 났던 것이 그 원인이었다. 이 때, 오직 2명만이 중상을 입었을 뿐 155명 승객 전원과 승무원들이 살아남았다. 이것은 정말 기적적인 사건이었다. 이 사건이 있은 뒤 그를 영웅으로 만든 첫 텔레비전 인터뷰에서 기장 설른버거는 '60 Minutes'의 진행자 케이티 쿠릭에게 이렇게 고백을 했다. "이번 일을 겪으면서 가장 힘들었던 것은 좀 더 완벽하고 좀 더 나은 무언가를 해내지 못한 내 자신을 용서하는 일이었습니다."

그의 솔직함은 정말이지 나를 깜짝 놀라게 했다. 자신을 받아들이기 힘들었다는 그의 말은 트라우마 치유에 있어서 자기용서라는 것이 얼마나 중요하면서도 보편적인 문제인지를 확인시켜주는 것이다. 용서라는 문제를 건너뛸 자격이 있는 사람이 있을까 싶지만, 만일 누군가 그럴 자격이 있는 사람을 꼽으라면, 부서진 비행기로부터 한 사람도 빠짐없이 생명을 구하고, 수백 명에 달하는 여행객들이 사랑하는 사람들로부터 그칠 줄 모르는 감사인사를 받은, 게다가 동료들은 물론 아마도 세계 전역으로부터 존경과 칭송을 들은 이 사람이 첫 번째가 되어야 할 것이다. 그런데도 그 역시 자기용서라는 문제와 갈등을 겪고 있었다.

기장 설리의 예에서 보듯이, 자신을 용서하는 것은 어려운 문제이기 때문에 치유를 위해 꼭 해야만 하는 '리스트 상단에 놓일' 충분한 가치가 있는 일이다. 24시간을 자신과 함께 살고 자신에게 의지한다는 사실을 감안한다면, 내면의 자기와 평화로운 관계를 유지할 때 당신의 삶과 치유는 당연히 쉬워질 것이다. 자신의 과실을 아무리 합리적으로 바라본다 할지라도, 트라우마를 막거나 멈추게 할 수 없었던 자신에 대해 실망이나 분노는 흔히 있는 일이다. 당신의 자기분노에는 아마도 그럴만한 이유가 있을 것이다. 정말 한두 가지만 어떻게 했었더라면 당신이나 다른 사람에게 해가 가지 않도록 할 수 있었을 텐데라던가 혹은 당신으로선 정말 해볼 수 있는 것이 전혀 없었고, 책임은 전적으로 다른 사람에게 있거나 그저 모든 것이 운명의 장난이었다고 생각할 수도 있다. 그러나 대부분의 경우, 진실은 그 사이 어딘가에 있다. 여기 몇 가지 사례가 있다.

1. 산드라는 차 사고를 당했다. 그녀의 잘못이 아니었다. 상대편 운전자가 빨간 신호인데도 불구하고 달린 것이었다. 하지만, 산드라는 자신이 서둘렀다는 것을 알고 있었다. 신호등이 녹색으로 바뀌었을 때, 그녀는 교차로에 맨 처음으로 돌진했다. 만일 그녀가 조금만 덜 서둘렀더라면, 위반 차가 빨간 신호에도 멈출 의사가 전혀 없었다는 것을 알아챘을지도 모른다. 법적으로 책임은 상대편 운전자에게 있었다. 그러나 산드라 역시 교차로 차량이 완전히 멈춘 것을 확인하는 데 필요한 몇 초의 시간을 할애하지 않은 것을 인정해야 했고, 그 점에 대해서 자신을 용서해야만 했다.

2. 피터는 9살 때, 학교에서 집으로 돌아오는 길에 나이가 많은 두세 명의 소년들에게 심한 구타를 당했다. 피터는 그 아이들을 전혀 몰랐고 등하교 길에 위협을 받아본 적도 전혀 없었기 때문에 공격을 예견할 방법은 당연히 없었다. 그것은 정말 갑작스런 공격이었고, 몸무게나 인원수면에서도 그는 열세에 있었다. 그럼에도 불구하고 그는 여전히 자신에게 책임을 느꼈고, 이 자책에서 자신을 꺼내 줄 도움을 필요로 했다.

3. 저자가 초창기에 썼던 한 원고에서 'R' 이라고 불렸던 한 여성은 외국에서 휴가 중에 강간을 당했다. 그 지역에 사는 한 젊은 남자가 가이드를 해주겠다고 하자, 그 제의를 받아들인 것이었다. 함께 여행 중이었던 일행을 떠나 그녀는 그와 단 둘이 나섰다. 도시를 둘러본 후 그녀는 도시 외곽의 유적지에 그와 같이 가기로 동의를 했다. 그가 그녀를 함정에 빠뜨린 곳은 바로 그 곳이었는데 그의 친구도 함께였었다. 이 사건으로부터 R이 치유되도록 돕는 데에는 많은 국면들이 있었다. 자기용서도 그 중의 하나였다. 우리는 신중하게 강간자들의 책임과 그녀의 책임을 구별했다. 의심의 여지없이, 사악한 계획을 세우고 강간을 저지른 그 젊은 남자에게 당연히 책임이 있었다. 처음부터 강간하기로 마음먹은 그는 자신의 친구를 유적지로 불러냈다. 그러나 그와 동시에 R은 두 가지 위험한 결정을 내렸던 것인데, 일행을 떠난 것과, 나중에 도시 밖으로 그 남자와 여행을 한 것이었다. 그녀는 자신의 잘못된 판단들과도 화해할 필요가 있었다.

책임을 분담하는 것은 미묘한 문제일 수 있다. 자신의 몫이 아닌데도 많은 것을 떠맡는 이가 있는가 하면, 전혀 책임을 지지 않으려 하는 이들도 있다. 그러나 무엇보다도, 정직한 균형을 유지해야 한다. 한 가지 방법은 온전한 균형감각을 찾는 것이고, 두 번째는 당신과 사랑하는 사람을 더 잘 보호할 수 있도록 미래를 대비하는 것이다. 조금 더 요령 있는 외국인 관광객이 될 수도 있었음을 깨달은 R은 자신의 딸들이 친구들과 여행할 만큼 충분히 나이를 먹자 조언하는 것을 잊지 않았다.

용서란, 사람과 환경이 포함된, 그리고 어떤 이들에게는 영적인 영역까지 포함된 방대한 주제이다. 제한된 지면에서 용서의 모든 측면에 대해 말한다는 것은 불가능하다. 다음에 나올 페이지에서는 트라우마와 관련된 용서의 가장 보편적 측면 즉, '무엇에 대해 자기용서를 해야 하는가?' 에 관해 논의를 할 것이다.

- 트라우마를 예견, 예방하지도 못하고 멈추지도 못했던 것
- 대항도 못하고 도망을 갔던 것
- 도망가거나 싸우지 못하고, 꼼짝 못한 것

본 장에서는 당신의 책임이었던 것과 아닌 것, 그리고 당신의 통제권 안에 있었던 것과 그렇지 않았던 것을 구분하는 작업을 할 것이다. 다음의 열쇠 5B에서는 트라우마에서 초래된 어떠한 수치심-이는 흔히 자기용서와 나란히 간다.-도 이해하고 받아들이고 용서하도록 도울 것이다. 어떤 것을 먼저 공략하느냐는 저마다의 독특한 상황에 달려있다. 수치심을 해결하

기 전에 당신 자신을 먼저 용서하는 게 필요할 것이다. 혹은 자기용서 전에 수치심을 먼저 다룰 필요가 있는 경우도 있다. 우선순위를 정하기 위해 당신의 마음챙김 측정기를 사용해도 좋다.

*주의해야 할 점 : 이 책을 읽는 이들 중에 고의적으로 예, 타인에게 범행, 과실, 만행을 저지르는 경우 다른 사람의 안전을 무시함으로써 예, 부주의한 행동, 마약, 알콜의 영향으로 타인에게 부상을 입히는 경우 트라우마를 초래한 사람은 거의 없을 것이다. 만일 당신이 이 범주에 속한다면 사과와 배상에 먼저 대응하는 것이 자기용서를 위한 필요 전제 조건이 될 것이다.

실질적인 문제

트라우마는 당신의 통제권 밖에 있다. 트라우마로 인해 고통을 받는 모든 사람들은 통제에 대한 문제를 가지고 있다. 왜냐하면 트라우마는 당신이 통제권을 가지고 있을 때- 차를 멈추고, 공격자의 공격을 막고, 폭격을 무마시키고 등의 일을 할 수 있을 때- 발생하지 않기 때문이다. 당신이 만일 트라우마에서 회복 중인 상태였다면, 일어났던 것이 무엇이든 그것을 멈추게 할 수는 없었다. 트라우마를 막지 못한 데는 한 가지, 혹은 여러 이유가 있을 수 있다. 여기에 전부는 아니지만 몇 가지 가능성들을 적어보았다.

• 그것을 막아내기엔 나이도 어렸고, 덩치도 작았고, 충분한 힘도 없었으

며, 숫자 면에서도 열세였다.

- 필요했던 도움을 받을 수 없었다.
- 누군가가 실수를 저질렀다.
- 막을 수 없는 자연 재해였다.
- 주의나 경고도 없었다.
- 필요한 법적 권리가 없었다.
- 잘못된 시간과 장소에 있었다.
- 당신은 속았고, 위협을 받았고, 강요를 당했다.
- 적절하거나 올바른 정보, 혹은 훈련을 받지 못했다.
- 당신은 경직됐거나, 멍해져 정신이 없었거나, 혹은 '무감각하게' 됐다.

이것이 완벽한 항목은 아니다. 트라우마를 막지 못했던 당신의 이유는 여기에 없을지도 모른다. 위의 항목에 자유롭게 추가를 하라.

트라우마가 자신의 잘못이 아님을 설명해주는 많은 이유를 왜 반드시 정당화시켜야 하는지의 적절한 예가 헬렌이다.

헬렌의 사례

그녀의 잘못이 아니었음에도 불구하고, 2004년 12월 인도양에서 있었던 쓰나미로 인한 죄의식 때문에 그녀는 정말 엄청난 고통을 느꼈다. 결국 그녀가 계획한 휴가에서 사랑하는 가족의 목숨이 위태롭게 된 것이었다. 다행히도 그녀의 가족은 모두 목숨을 건졌지만 그녀는 가족을 거기에 데려간 것과 가족이 겪는 스트레스에 대해 죄의식을 느꼈다. 그녀의 막내딸이 특히 심했는데, 사건이 끝난 일 년 후에도 악몽을 꾸었다. 이 쓰나미에 휩쓸렸던 다른 수 천명의 사람들과 마찬가지로, 헬렌 또한 위의 여러 범위의 기준에 해당됐다. 즉, 예측할 수 없는 자연의 일, 사전 경고가 없었던 것, 잘못된 시간에 잘못된 장소, 충분한 도움을 받지 못한 것 등이다.

헬렌의 잘못이 아니라는 걸 친구와 가족들은 모두 이해했지만 그녀는 여전히 힘든 시간들을 보내고 있었다. 마침내 그녀가 균형을 찾도록 도와준 것은 십대의 아들이었다. 어느 날 저녁, 끊임없이 죄의식에 가득 차 사과를 하려드는 엄마한테 짜증이 치밀어 오른 아들은 소리를 버럭 질렀다, "그만해 엄마! 엄마는 엄마가 누구라고 생각해? 엄마는 엄마가 신이라고 생각해? 오직 신만이 그 일이 일어날 줄을 알았어. 그건 엄마 잘못이 아니야!" 원인이 무엇이었는지는 모르지만 어쨌든 아들의 그 메시지는 효과를 발휘했다. 아니면 아마도 이제는 그런 시기가 찾아와서 그랬는지도 모른다. 헬렌은 처음엔 아들의 태도에 화가 났지만, 이윽고 그녀는 웃음을 터뜨렸다. 그러나 아들의 말을 이해했을 때, 그녀는 주저앉아서 울음을 터뜨렸다.

그 다음에 내가 그녀를 만났을 때, 그녀는 아들의 분노와 폭발이 자신을 얼마나 도왔는지 모른다며 웃음을 터뜨렸다, "당신도 알다시피 아들이 옳았어요." 그녀는 내게 말했다. "내가 재앙을 미리 알았어야 했다고 생각했던 건 일종의 오만이었어요. 그건 정말 내 잘못이 아니었죠! 저는 이제 잠도 잘 자고 제 딸도 마찬가지예요." 헬렌이 일단 죄책감을 떨칠 수 있게 되자 그녀의 딸도 개선된 듯 보였다.

헬렌의 갑작스런 변화가 마치 기적적으로 보일 수도 있다. 왜냐하면 그것이 불과 몇 분되지 않은 짧은 시간에 일어난 것처럼 보이기 때문이다. 그러나, 그녀가 죄책감에서 해방되고 연이어 자기용서까지 하게 되기까지에는 사실 많은 치유 전략이 책에서 소개한 여러 가지과 여러 요소의 결합이 있었다. 그녀의 꾸준한 노력, 가족과 친구들의 지지, 운 좋게도 아들이 뱉은 마지막 말 한마디의 시기적절함까지, 이 모든 것이 절정을 이루어 그녀를 붙잡고 놔주지 않았던 문제에 마침내 일격을 가한 것이었다. 트라우마로부터 치유되려면 시간이 필요하지만, 때때로 헬렌의 경우처럼 비록 그것이 실제로는 오랜 시간에 걸쳐 점진적인 과정을 밟아 이루어진 것이라 할지라도 마치 즉각적으로 발생한 것처럼 여러 측면이 갑자기 척척 맞아 돌아갈 때도 있다.

이론의 적용

트라우마 자체만으론 충분하지 않다는 듯이, 많은 생존자들은 자신이 반응했던 방식에 대해, 혹은 반응해보지 못했던 방식에 대한 후회로 더 심한 트라우마를 나중에 겪기도 한다. 왜 맞대응해 싸우지 못했을까? 왜 달아났을까? 왜 '무감각' 해졌을까? 왜 마비가 됐을까? 등 죄책감을 느끼는 것이다. 트라우마 반응에 관한 기본적인 신경생물학에 좀 더 친숙해진다면, 자신이 왜 그렇게밖에 할 수 없었는지 이해가 되면서 자신을 겨냥한 분노와 수치심, 죄의식으로부터도 해방 될 것이다.

생존 우리가 처한 환경에서 우리를 살아남게 하는 것-은 중뇌의 변연계에 의해 조절이 된다. 편도체와 해마체는 변연계 체계에서 둘 다 생존 팀에 해당하지만, 이 논의에서는 편도체가 더 관련이 있다. 더 읽어나가기 전에 앞서 59-62 페이지에서 언급한 이 구조에 대해 논의했던 부분을 다시 읽어보기 바란다.

편도체는 외부의 감각에 의해 감지한 정보 만지거나 보고, 듣고, 냄새 맡은 것의 위협여부를 결정한다. 감각으로 들어온 정보는 평가를 받기 위해 편도체로 재빨리 전달되는 것이다. 여기에는 '이것이 바람직한가, 온순한가, 아니면 위험한 것일까?' 와 같은 질문과, 만약 그것이 생명을 위협하는 것이라면 편도체는 달아나기, 싸우기, 얼어붙기의 세 가지 방법 중에 그 어느 것이든 즉시 반응하도록 우리 몸에 지시를 한다.

편도체가 결정을 내리게 만드는 정보에는 수만 가지가 있는데, 몇 가지 예를 들자면 다음과 같다.

• 몸의 신체적 조건은 어떠한가?

• 과거에는 이런 것에 어떻게 반응을 했나?

• 지금 무엇에 맞서고 있나?

• 도주나 싸움이 성공할 가능성은 어느 정도인가?

기억해야 할 것은 이 모든 과정이 너무나 재빨리 일어나며, 생각의 반영이나 심사숙고를 담당하는 대뇌피질에서 발생하는 것이 아님을 반드시 알아야 한다. 편도체의 생존반응은 의식이 아닌 동작으로 설정되어 있다. 편도체가 자료를 처리하고, 결론에 이르고, 행동을 지시하는 일련의 과정은 의식적 숙고와는 아무런 관련이 없다. 일단 결정을 내린 편도체는 신경체계를 통해 지시사항을 근육이나 다른 신체 체계에 전달하는데, 우리 몸에게 달아나거나, 공격하거나, 죽은 척하라고 명령을 하는 것이다. 편도체는 스트레스 호르몬을 통해 명령을 보내는데, 이는 바꿔 말하면 논리나 이유, 심지어 상식처럼 피질성 도구cortical tools가 주는 혜택또는 간섭이 완전히 무시되는 것을 뜻한다. 생각을 피해감으로써 상황에 대한 신속한 결정을 내릴 수 있고, 생존에 가장 유리한 측면에서 몸이 거의 즉시 반응하도록 만드는 것이다.

그래서 위협에 직면하면 우리의 신경체계는 극도로 빠른 결정을 내리도록 설계되어 있는데, 여기엔 아주 유리한 점이 있다. 만약 그렇지 않을 때의 결과를 한 번 생각해보라. 즉, 무엇을 어떻게 해야 할 지, 의식적으로 결정을 내리는 아주 힘든 과정을 거쳐야 한다고 가정해 보라. 그리고 그 즈음에는, 벌어지는 사태에 대해 먼저 명백한 사고를 한 뒤, 생존을 위한 몇 가지 선택사항을 고려한 다음에 잠재적 결과에 대해서도 서로 비교 예측을 해봐야

할 것이다. 그리고 반응을 하기 전에 이 모든 것들을 해야 한다. 마침내 어떤 결론에 도달했을 때면 위협은 이미 코앞에 닥쳐와 있기에 그 어떤 종류의 반응을 선택했건 그것을 별로 써 볼 기회도 없을 것이다. 달아나거나, 싸우거나 또는 쓰러지는 것을 의식적으로 결정할 수 없게끔 우리의 몸이 만들어졌다는 것은 사실, 대단한 것이다. 편도체의 빠른 대응이 대단히 많은 생명을 구한다는 것에는 의문의 여지가 없으나, 여전히 논쟁의 여지는 남아있다.

조슈의 얼어붙기 반응

40세인 조슈는 자유로운 환경에서 성장을 했다. 첫사랑을 느꼈던 11살부터 조슈는 자신이 동성애자라는 것을 알았다. 그의 가족이나 친구들에게 그것은 전혀 문제가 되지 않았다. 그 후 8년 동안, 그는 사랑과 지지 가운데 서로를 신뢰할 수 있는 관계들을 성립해 나갔다. 주말이면 친구들과 함께 도시의 멋들어진 장소에서 게이들과의 관계를 즐겼다. 때때로 약간 소란스러워질 때도 있었지만, 사고는 대개 미미한 것이었다. 그러던 어느 날, 그를 충격에 빠뜨린 사건이 발생했는데, 트라우마를 일으킨 사건에서 흔히 그러하듯 그의 인생이 완전히 바뀌고 말았다.

조슈와 그의 파트너 그리고 두 명의 친구는 소위 '혐오범죄' 의 희생자가 된 사건이 었었다. 어느 날 저녁, 시내에서 그들의 차로 돌아가는 도중에 자신들을 '안티 게이 파수꾼' 이라 부르는 깡패들에게 희롱과 구타를 당한 것이었다. 다행히도 주차장 근처에 있던 한 이웃이 싸우는 소리를 듣고 경찰에 신고를 했다. 경찰이 제 시간에 도착해서 이들을 체포했기에 망정이었지, 그렇지 않았으면 조슈와 친구들은 하마터면 매우 심각한 신체적 부상을 당할 뻔 했다. 그러나 아무리 경찰이라도 이들이 입은 심각한 정서적 피해는 막을 수 없었다. 특히 조슈의 경우는 더욱 심했다.

그 4명 중에 조슈는 심리적으로 최악의 상태였다. 그는 몸으로 행동하는 사람도 아니었고, 어떤 종류의 자기방어도 배운 적이 없었다. 어느 정도 반격할 수 있었던 친구들과 달리 조슈는 기절해버리고 말았는데, 이는 극도의 위협 시에 얼어붙는 전형적인 반응이었다. 사건이 있은 후, 조슈는 몇 주 그리고 몇 달 동안 점점 더 깊숙한 우울로 빠져들었다.

표면적으로 조슈의 문제는 공격에 의해서 드러난 어떠한 깊은, 정체성 충돌에 기인한다고 가정하기 쉽다. 혹은 그가 공격자들의 언어폭력에 상처를 입었거나, 불의에 분노한 것이라고 추측할 수도 있다. 그러나 그 어느 것도 조슈가 빠져들고 있는 어려움을 설명해 주는 것은 없었다. 문제의 진실은 조슈의 수치심이었다. 그의 굴욕감은 자신이 당한 것 때문이 아니라, 자신이 맞서 싸우지 못했다는 데에 있었다. 자신과 친구들이 당한 구타가 자신의 잘못이라고 느꼈고, 공격자들과 맞서 파트너와 친구들을 보호했어야 했다고 느낀 것이다. 그 공격 자체가 수치스러운 행동이라는 데는 이론의 여지가 없으며, 증오범죄는 명백히 잘못된 행위이다. 그런데, 조슈는 왜 자신에게 책임을 지우려는 것일까?

열쇠의 발견

조슈는 자신의 얼어붙기 반응에 대해 전혀 아는 것이 없었다. 그저, 자신이 겁쟁이라고만 생각했다. 그러나 무의식적인 두뇌의 일부가 그를 위해 그런 결정을 내렸다는 것을 깨닫는 순간, 그는 커다란 위안을 받았다. 또한 자신의 피질 체계가 새로운 정보와 신체적 경험으로 업데이트 될 수 있음도 알았다. 예를 들면, 비록 그 효과를 확실히 보장할 수는 없지만, 방어동작을 배우고 유산소성 지구력 운동을 향상시킴으로써, 편도체로 하여금 미래에 도망이나 싸움을 선택하게 할 수 있도록 만들 수 있었다. 그러나 자기방어 전문가들이 만일 그들의 편도체가 얼어붙는 것만이 최선의 전략이라고 결정하면 그렇게 될 수 있다. 그는 신체를 좀 더 단련하고 호신술 수업도 듣기로 결심을 했다. 다시는 공격받고 싶지 않았지만, 미래에 혹시 그것이 필요로 하는 상황이 발생한다면 반사적으로 싸울 수 있기를 원했던 것이다. 새로운 지식과 결심은 그의 우울증을 감소시키는데 도움을 주었지만, 여전히 그는 그날의 자신의 모습에 직면해야 했고, 자신이 했던 반응을 용서해야 했다.

조슈에게 가장 유용하게 쓰인 기법은 그런 공격이 다른 친구들에게 일어났다고 상상하는 것이었다. 나는 조슈에게 그런 환경에서 조슈처럼 맞서 싸우지 못해 죄책감과 수치심을 느낄 가장 친한 친구를 상상해 보라고 제안을 했다. 그는 친구에게 뭐라고 말할 것인가? 그가 자신을 응징했듯이 친구를 판단하거나 비난할까, 아니면 용기를 북돋으며 지지해 줄 것인가? 그는 과연 친구에게 뭐라고 말을 할 것인가?

처음에 조슈는 이 연습이 약간 터무니없다는 생각을 했다. 물론 그는 그렇게 공격당한 친구를 절대 비판하거나 괴롭히지는 않을 것이었다. 사실상의 도전은, 친구를 그렇게 비난하지 않을 거면 도대체 왜 자신을 비난하는 것이냐고 내가 그에게 물었을 때 시작이 되었다. 이 질문은 그가 자신에게 얼마나 가혹했는지를 즉시 깨닫게 해 주었다. 자신의 공정함을 늘 자랑스러워했던 조슈는 자신이 스스로에게는 얼마나 가혹했던가를 깨닫고서 괴로워했다. 그러나 깨달음은 자기용서를 촉진시켰고, 그가 정상적인 삶으로 돌아가도록 만들어 주었다.

자신에게 적용하기

여러분 중 많은 사람이 조슈의 딜레마에 공감을 할 것이다. 왜냐하면 생명과 신체를 위협하는 사건이 일어나는 동안 당신도 얼어붙기 반응해리, 붕괴, 멍해지기, 마비, 무감각으로 빠질 것이기 때문이다. 때때로 사람들이 이것이 정말 생존반응에 해당되는지 의아해하는데, 왜냐하면 이런 반응은 하나의 '포기'로 보이기 때문이다. 하지만 얼어붙기는 우리를 보호하는 많은 기능을 가지고 있다.

무엇보다도, 당신이 얼어버리면 공격자는 흥미를 잃을지도 모른다. 동물의 세계에서 대부분의 포식자들은 죽은 고기를 피하는 본능을 지닌다. 그래서 먹이가 털썩 쓰러지거나 얼어붙거나 죽은 듯이 보이면, 너무 배고파서 식중독이나 박테리아의 감염을 무릅쓰지 않는 한 포식자들은 종종 다른 데로 가버리고 만다. 인간의 경우엔, 희생자로부터 대항의 기미가 전혀 없으면 그냥 물러서는 공격자들이 많다. 사실상, 그 때 공격자들이 자신을 방어했던 나머지 세 명에 집중하는 바람에 조슈는 가장 적은 부상을 입었다. 언제나 그렇지는 않지만, 흔히 얼어붙기 상태에서는 시간이 아주 천천히 흘러가기 때문에 의식적인 전략 짜기가 가능했다고 보고한 사람들도 있다. 마지막으로, 동물의 공격에서 살아남은 사람들은 얼어붙기 상태에서 신체적 고통과 정서적 공포가 적었다는 보고를 한다. 경험의 둔화가 죽음의 공포를 견디고 억제하도록 도왔다는 것이다. 따라서 얼어붙기는 매우 중요하고 유용한 반응이다. 얼어붙기가 될 수 있다는 것은 우리에게는 유리한 것이다. 얼어붙기는 포기나 자발적인 굴복과 전혀 다르다. 비록 그렇게 하는 것이 현명한 상황들도 있겠지만. 얼어붙기는 우리를 보호한다. 만약 당신이 얼어버린다면 당신의 편도체는 당연히 해야 할 일을 한 것이다. 물론 조슈의 경우처럼, 이따금씩 당신이 받아들이기 어려운 경우도 있겠지만 말이다.

당신의 한계를 스스로 용서하는 것이 치유의 임무의 하나인가? 만약 그렇다면, 당신은 이 단계에 대한 준비도 되어 있는가? 삶의 대부분이 그러하듯 그 시기란 것은 중요하다. 미성숙하게 목표를 향해 돌진한다면 오히려 역효과를 낳을 수도 있다. 자기용서의 주요 전제조건은, 사건이 일어났을 당시, 반응에 대한 선택권이 자신에겐 없었을지도 모른다는 가능성을 겸허하게 받아들이는 것이다. 일단 이 개념을 받아들인다면, 아래의 실전 연습이 당신에게 유용할 것이지만, 당신이 받아들이기 어렵다면 시도하지 말고 기다려라. 당신은 언제든지 돌아올 수 있다.

실전연습 1

이론을 배우자.

달아나거나, 맞서 싸우거나, 얼어붙는 트라우마적 반응의 한계를 받아들이고 용서하는 임무는 신경생물학을 철저하게 이해함으로써 도움을 받을 수 있다. 왜냐하면, 과학과의 논쟁에서 이기기는 어렵기 때문이다. 이것은 또한 사회적, 법적 시스템과 관련된 문제이기도 하다. 이런 점은 트라우마 생존자의 문제를 더욱 복잡하게 만들기도 한다. 얼어붙기 반응은 '자발적 합의'나 '승낙'과 절대로 같지가 않은데, 일반적으로 사회, 특히 법체계는 얼어붙기의 합법성을 인정하는데 매우 느리게 움직여왔다. 1980~1990년대에 걸쳐, 미국과 세계 여러 지역의 트라우마 전문가들과 연구조사자들은 얼어붙기 반응은 위협 예, 공격이나 강간에 대항하는 비자발적 생리적 결과임을 변호사와 판사에게 인식시키기 위해 무척 애를 써왔다. 저자가 이 글을 쓰는 현재에 와서는 맞서 싸우지 않았다고 해서 희생자가 강간이나 공격을 기꺼이 당하려 했다는 의미는 절대 아니라는 것을 대부분의 법체계는 깨닫게 되었다. 그러므로 법정이 얼어붙기 반응을 기정사실로 받아들인다면, 당신도 여기에서 용기를 얻기를 바란다.

앞의 이론의 적용 부분을 다시 읽어보라. 당신만의 문장으로 요약해 옮겨 써보는 것도 좋다. 얼어붙기 메커니즘에 대해 더 많이 이해하면 이해할수록, 당신 스스로가 당신의 반응을 받아들이고 용서하는 일도 쉬워질 것이다.

실전연습 2

다른 누군가의 입장에 서보자.

위에 조슈가 했던 것처럼, 당신과 가장 친한 친구나 사랑하는 누군가가 당신과 같은 상황 즉, 자신을 용서하지 못하는 그런 상황에 있다면, 그들을 바라보는 당신의 기분이 어떨지를 한 번 상상해보라. 그들에게 책임을 전가할 것인가? 그렇게 하지 못한다면, 당신과 그들의 차이는 무엇인가? 친구에 대한 연민을 당신에게 돌리려면 어떻게 해야 좋을까? 당신과 친구 사이에 오고 갈 대화를 한 번 만들어 보라. 마음속으로 해도 좋고, 글로 적어도 좋다. 죄책감과 자기용서에 대해 당신은 친구에게 뭐라고 말할 것인가? 당신 자신에게도 그와 같은 말을 해 줄 수가 있을까?

만약 친구에게 책임을 묻는다면, 당신이 생각하는 이른바 '공평한 속죄'란 무엇인가? 당신도 그것을 받아들일 수 있겠는가?

실전연습 3

다른 사람들과 이야기를 해보자.

가장 믿을 만한 친구나 가족과 자기용서에 대한 각자의 경험담을 나누어 본다면, 당신은 지지와 도움을 받을 수 있다. 또한 그들이 당신의 입장에 있다면, 스스로에 대해 어떻게 느낄지를 물어보라. 자신을 용서하는 것이 어렵다면 왜 어려운지, 쉽다면 왜 쉬운지 토론해보라.

다섯 번째 열쇠에 대한 평가

자기용서가 당신에게 문제가 되고 있는가? 만일 문제가 되지 않는다면 그것으로 충분하다. 자기용서가 이 다섯 번째 열쇠에 포함되어 있다고 해서, 모든 사람이 자신을 용서하는 문제를 안고 있다는 뜻은 아니다. 자기용서라는 문제에 언제 접근하면 좋을지, 결정하는 걸 돕기 위해 마음챙김 측정기와 상식을 이용해도 좋다.

다섯 번째 열쇠를 어떻게 사용할 것인가 혹은 사용하지 않을 것인가를 계획하기

일반적으로, 인간의 한계에 관대함과 용서하는 심성을 지니는 것은 자신에게 이롭다. 물론, 실수로부터 배우고 실패를 인정하는 것도 중요하다. 그러나 나는 대부분의 사람들이 필요이상으로 자신에게 가혹하게 군다는 생각을 한다. 당신의 삶에서 이 다섯 번째 열쇠를 최대한 이용하려면 어떻게 해야 할까? 마음챙김과 기도를 통해 실전연습에 포함할 자기용서에 관한 그 어떤 것을 찾아보자.

보충설명

이 장에서 따로 언급하지는 않았지만, 자신의 내면과의 관계에 영향을 끼치는 트라우마의 결과에는 다른 것들도 분명히 많이 있다. 자기용서가 필요한 또 다른 이유들도 있을 것이다. 그리고 그런 이유들로 인해서 당신은 자신에게 책임을 지우거나 비난할 수도 있다.

- 다른 이의 목숨을 구할 수 없었던 것
- 소유물이나 재물의 손실, 또는 피해
- 혼자만 살아남은 것

위의 사항에도 해당이 된다면, 거기에서도 자기용서를 성취하는 것이 당신의 치유를 도와줄 것이다.

자기용서가 필요한 또 다른 영역은 인내와 치유의 속도이다. 치유가 '충분히 빠르지' 않다고 자신에게 화를 낸다면 상태만 더 악화될 뿐이다. 치유는 치유에 필요한 것만큼 시간이 걸린다. 서두르는 것은 오히려 역효과를 낳아 치유를 느리게 만들 수 있다.

우리가 수치심에 압도되지 않는 한, 수치심에는 커다란 가치가 있음을 깨달을 필요가 있다. *- 로날드 앤 패트리셔 포터-췌론*

모든 사람은 수치심을 필요로 하지만, 수치심을 느껴야 할 사람은 아무도 없다.

– 니이체

5B. 당신의 수치심을 공유하라

수치심은 많은 트라우마 생존자들에게 주요한 걱정거리이다. 이것은 참으로 끔찍한 경험이다. 누구도 창피하다고 느끼는 걸 좋아하지 않는다. 그럼에도 불구하고, 수치심은 보통 우리가 가지고 있는 다른 감정이나 느낌과 똑같은 것이다. 즉, 수치심은 우리 생존에 필요한 것이다. 이 부분5B은 이전 부분5A과 관련이 있는데, 부끄러움과 자기용서는 내부적으로 언제나 그런 것은 아니다. 종종, 서로 연결되어 있기 때문이다. 수치심의 문제가 해결되기 전에 자기용서가 반드시 먼저 이루어져야 할 필요성이 있는가 하면, 수치심의 해결이 자기용서의 전제 조건이 되는 경우도 있다. 그리고 이 두 부분이 함께 다섯 번째 열쇠를 구성하는 것이다.

아주 간단히 말해서, 수치심은 우리 내부 깊숙한 곳에서 말하기를, 무언가 잘못되어 있다고 한다. 그러나 중요한 지식 없이는, 우리는 잘못된 것을 피하거나 바꾸고 개선할 기회를 거의 갖을 수 없다. 트라우마를 겪은 많은 이들이 수치심에 관련된 느낌과 힘겨운 싸움을 벌인다. 수치심의 해결을 치유과정에서 가장 어려워하는 사람들도 있다. 다음 페이지에서 나는 수치심이 인간 진화 과정에서 어떤 중심적인 역할을 했고, 트라우마 생존과 치유에서 맡았던 또는 맡은 역할이 무엇인지 사례를 들어 설명할 것이다.

대부분의 경우, 어떤 종류건 극단적인 것은 유용하지 않다고 말할 수 있다. 수치심도 마찬가지이다. 수치심을 너무 많이 느끼는 것도, 혹은 거의 느끼지 않는 것도 모두 좋지가 않다. 당신은 수치심이 없는 것이 오히려 불리하다는 나의 말에 놀랄지도 모르겠다. 하지만 이 책을 읽는 다수는 실제로 수치심을 모르는 누군가로부터 초래된 해로운 결과를 겪었을 것이다. 가장 폭력적인 성범죄자들이 바로 그런 예에 해당이 된다. 사실, 나는 수치심을 모르는 것이 총체적으로 볼 때, 수치심 그 자체보다 이 사회에서 훨씬 더 나쁜 문제를 야기시키는 것이라는 주장을 하고 싶다.

실질적인 문제

수치심은 트라우마의 저변에 널리 퍼져있다. 수치심은 종종 자신을 보호하는 측면이 아니라, 기분을 침울하게 만드는 내부 감정과 관련이 있다. 그런 수치심은 어떤 종류건 상관없이 트라우마을 일으킨 모든 사건에서 초래될 수가 있다. 더 구체적으로 말하자면, 공격, 강간, 성희롱, 근친상간은 생존자가 느끼는 수치심의 단계를 극도로 악화시키는 예이다. 수치심을 다루는데 있어 어려운 점은 수치심이 침체를 불러온다는 것이다. 보편적으로, 수치심을 느낄 때 사람은 침잠한다. 몇 년 전 유럽 친구들과 가졌던 저녁식사가 생각이 난다. 다섯 명으로 구성된 한 가족과 앉아 있었는데, 세 살과 네 살 그리고 일곱 살 된 어린아이들이 있었다. 네 살짜리가 세 살 난 아이의 그릇에서 맛있어 보이는 음식 한 조각을 갑자기 낚아채자, 세 살 난 아이는 당연히 울기 시작했다. 그 부모는 언어적으로 충격을 주는 것으로 그 일에 대응을 했다. 비록 무슨 말인지는 몰라도, 나는 부모의 목소리에서 '부정적 비난disapproval'의 뉘앙스를 분명히 알아들었고, 그들의 표정에서도 그것을 분명히 읽을 수가 있었다. 네 살짜리는 얼굴을 붉히면서 머리를 푹 숙이더니, 근처 창문으로 가서 커튼에 얼굴을 숨겼다. 한참 뒤에 다시 나타난 꼬마는 우리와 눈이 마주치는 것을 피하면서 마지못해 식사를 끝냈다. 다행히도 아이의 부모는 센스가 있어서, 저녁 식사가 끝나자 이 꼬마와 다시 접촉을 하려고 노력했다. 이 사건은 나에게 수치심의 여러 측면을 보여주었다.

- 수치심의 본성은 즉각적이고 신체적이다.
- 수치심은 사회적 행동을 형성 한다. 그 아이는 다른 사람의 접시에서 다시는 음식을 훔치지 않을 것이다.
- 수치심을 해결하는 데에는 접촉contact이 중요한 역할을 한다.

자신이나 다른 사람을 봐도 알 수 있듯이, 수치심을 느낄 때 우리는 대개 머리를 숙이고 상대방의 눈을 피한다. 방을 나가버린다거나 상황을 피해버리는 신체적 후퇴 또한 흔히 있는 일이다. 자연스러운 행동이기도 하지만, 수치심을 느낄 때 하는 이러한 '은둔 경향'은 종종 불행한 결과를 낳기도 한다. 즉, 트라우마의 결과로 자신 안에 고립이 되는 것이다. 혼란에 수치심까지 가중된다면, 트라우마 생존자는 엄청난 외로움에 시달릴 수 있다.

두 가지 사례

에이린의 사례

에이린이 성장한 가정을 단지 결손 가정이라고 부른다면, 그것은 너무나 점잖은 표현일 것이다. 엄청난 폭군이었던 그녀의 아버지는 아내와 네 명 자녀의 삶을 완전히 통제했다. 그는 시골 외딴 곳으로 식구들과 이사한 후, 아내에게 아이들을 집에서 가르치라고 요구했다. 자주 격분하여 날뛰었던 그는 자신의 분노를 신체적 방식으로 표출을 했다. 그가 가장 총애했던 에이린은 맞지는 않았지만, 대신 아버지의 성적 파트너 상대로 '특별히' 선발되어 10대 시절을 그렇게 보내야 했다. 그녀에게 주어진 특권은 작은 선물과 자신만의 방 같은 것들이었다. 게다가, 그는 절대로 그녀를 때리지 않았다. 그녀의 수치심은 드디어 곪아터지기 시작했다. 자신과 엄마, 형제자매를 보호하지 못한 것과 근친상간에 굴종한 것, 그리고 혼자만 맞지 않은 것 때문이었다.

에이린은 많은 종류의 치료를 시도해 보았다. 그녀는 몇 번이고 계속해서 개인사와 각 경험들을 처리하는 과정을 밟았다. 치료가 많이 도움이 되었음에도 불구하고, 격렬한 수치심은 그녀를 떠나지 않았다. "나는 정말 끔찍한 사람이에요." 이것은 처음 그녀를 만났을 때, 고개를 푹 숙인채로 그녀가 내게 한 말이다.

기억하라. 수치심은 다른 감정과 똑같은 것이다. 거기에는 생존을 위해 필요한 기능이 있다. 에이린과 같은 근친상간 생존자의 경우에도 마찬가지이다. 수치심은 마치 신호등과 같아서 그것이 얼마나 잘못된 것인지, 얼마나 끔찍한 것인지 알려주는 역할을 한다. 그러나 한 가지 어려운 점은 특히, 성폭력에 있어서 무고한 희생자들의 거의 대부분은 그 탐조등이 자신을 향해 비추고 있다고 오해한다는 것이다. 즉, 잘못된 사람이 바로 자신이라고 여긴다. 나는 그것이 성폭력의 본성과 관련이 있다고 믿는다. 성 희롱, 근친상간, 그리고 강간은 부끄러움과 수치심을 모르는 사람들에 의해 자행이 된다. 수치심을 가진 사람이라면, 실제 행동으로 옮기기 전에 멈출 것이고, 이것이 수치심이 갖는 본연의 기능이다. 어떠한 수치심도 없었던 아버지 대신, 에이린이 결국 그 감정을 느끼는 것으로 끝이 난 것이다. 성폭력을 휘두른 아버지의 몰염치함이 아주 부분적으로나마 딸의 수치심을 초래한 것이다.

막스의 사례

21세기로 바뀌던 전환 시기에, 베트남 퇴역군인인 막스는 민간인 사회에 잘 적응하고 있었다. 최소한 그는 그렇게 믿고 있었다. 그러나 그는 전투 경험을 상기시키는 것들에 계속 반응을 하고 있었다. 특히 텔레비전 뉴스, 다큐멘터리, 또는 영화에서 전쟁 장면을 목격할 때마다 손이 떨리면서 눈물이 흘러나왔다. 그는 친구들과 식사를 하던 어느 날 오후, 여객기가 낮게 날면서 집 위에서 요란한 굉음을 냈다. 막스는 순식간에 테이블 아래로 몸을 숨겼다. 그는 해병대가 벙커로 몸을 날릴 때 취하는 자세를 하고 있었다. 나중에 그의 친구들은 그가 2분여 동안 '눈을 부라리며' '아무 감각도 못 느끼는' 것 같았다고 말해 주었다.

막스는 어떤 자세한 것도 기억하지 못했지만 심한 수치심에 빠졌다. "그렇게 많은 세월이 흘렀는데, 나는 정말 다 극복한 줄 알았는데!" 그는 자신을 비난했고 여러 달 동안 모든 초대를 거절했다. 또 그런 일이 일어날까봐 두려웠던 것이다. 수치심은 그의 우정과 사교생활을 망가뜨렸고, 매우 많은 트라우마 생존자들이 그러 하듯이 그를 고립시켰다. 그리고 마침내 그는 도움을 찾아 나섰다.

마찬가지로 막스의 경우에도 수치심은 뭔가 잘못 되었다고 그에게 말을 걸고 있었다. 이 경우, 잘못되었던 건 그의 환경이었다. 그는 외상후스트레스장애(PTSD)를 겪고 있었고, 비록 그것의 상당부분을 잊고 살았지만 적어도 일시적으로, 그의 전쟁 경험을 영원히 뒤로 하는데 필요한 도움을 그는 전혀 받은 적이 없었다. 그가 살았던 마을은 트라우마를 입은 퇴역군인들을 위한 서비스가 거의 없었고, 그의 군대 친구들은 종종 외상후스트레스장애(PTSD)를 솔직히 말하는 동료들을 조롱하곤 했던 것이다. 막스는 본질적으로 자신의 고통을 숨기고 있었고, 그날 저녁 자신이 취한 행동을 부끄러워했다. 군인들이 군대 복무로부터 정서적 영향을 받는다는 사실을 아직 받아들일 준비가 되어있지 않은 것이 '군대 트라우마'에 만연해 있는 딜레마이다. 외상후스트레스장애(PTSD)를 겪는 많은 군인들은 수치심을 나약함으로 감지, 혹은 간주를 한다. 따라서 이러한 상태를 정상화하는 데 이 책과 나의 다른 책들이 상당부분 기여하기를 바란다.

이론의 적용

여기에서 말하는 이론에는 두 가지 주요한 주제가 있다. 첫 번째는 수치심 자체에 관한 것이고, 두 번째는 외상후스트레스장애(PTSD)를 바라보는 군대와 사회의 시선 때문에 피해를 입은 사람들의 수치심이 얼마나 더 악화되고 있는가에 초점을 맞춘다.

수치심의 구체적인 면을 밝히기

어떤 문화나 사회가 진화하는데 있어서 수치심이 담당하는 혹은 담당해 온 기능이 있다는 사실은 인류학자와 심리학자, 그리고 사회학자들에 의해서 지금은 상당히 잘 인식이 되어 있다. 그 중에서도 특히, 수치심에는 사회화 형성의 기능이 있다는 사실이다. 즉, 수치심은 우리가 가족과 이웃, 문화의 일원으로 받아들여지도록 우리의 행동을 안내하는 역할을 한다. 수치심은 '종tribe'이 생존하도록 도와준다. 근친상간의 수치심이 그 좋은 예인데, 대부분의 사람들 물론 수치심이 없는 사람들을 제외하고은 근친상간에 대해 생각하는 것조차 꺼려하는, 그에 대한 뿌리 깊은 거부감을 가지고 있다. 이것은 매우 이로운 현상이다. 왜냐하면 근친상간이라는, 유전자 공급원의 피해로 인해 결국에는 혈통이나 문화적 그룹의 약화나 심지어는 멸종을 초래할 수도 있는, 걷잡을 수 없는 교배를 못하도록 막는 것이기 때문이다.

본질적으로 수치심은 어떤 행동이나 상태가 명백히 잘못되어 있음을 알려준다. 에이린과 막스는 모두 이 사례에 해당이 된다. 막스의 수치심은 그가 여전히 전쟁 때문에 고통을 겪고 있음을 말해주고 있는데, 이는 그가 오랫동안 부인하려고 애를 쓰고 있던 것이었다. 에이린의 경우는 모든 것이 잘못되어 있었다. 그녀가 당한 취급, 엄마와 형제자매들이 당한 취급, 폭력, 근친상간 등이 그러했다. 그리고 이 두 가지 사례 모두, 그들로 하여금 도움을 찾도록 동기부여를 한 것이 바로 수치심이 가진 무게였다.

이렇듯 수치심이 생존에 미치는 가치에도 불구하고, 대부분의 사람들은 수치심 문제가 해결하기 어렵다는 데에 동의를 한다. 즉, 수치심이란 것은 다른 감정들과는 다르다는 것이다. 우리가 슬플 때는 실컷 울고 나면 종종 기분이 풀어지곤 한다. 분노는 언어적 표현이나 신체 활동으로 누그러지기도 한다. 두려움은 떨림이나 편안함과 안전으로 방출될 수 있다. 그러나 수치심, 그 수치심은 어떻게 해야 하는가? 다른 감정을 다루는 식으로 수치심을 방출할 수 있을 것 같지는 않다. 모든 감정이 타인과의 지지적 접촉 안에서 더 잘 다루어지지만, 수치심의 해결만큼 그것을 더 필요로 하는 것은 없는 것 같다. 지지해주는 사람의 이해나 인정을 받을 때 수치심은 방출 예를 들면, 울거나 소리 지르는 것 된다기보다 소멸이 되는 것 같다. 나는 그 어떤 감정보다도, 수치심을 사라지게 하려면 타인과 접촉 을 해야 한다고 생각한다. 이것이 확실히 일리가 있는 것은, 수치심은 매우 사회적인 감정이기 때문이다. 만일 인간이 각각 고립되어 산다면 그렇게 수치심을 느끼지는 않을 것이다. 수치심이 충격을 가지려면 타인의 존재가 필요하다. 그러므로 수치심을 치유하는데 상호교류가 필요한 요소라는 것이 설득력이 있어 보인다.

외상후스트레스장애PTSD를 받아들이기

외상후 스트레스장애 라는 용어는 여러 개념으로 구성되어 있는데, 그 핵심은 스트레스이다. 이는 간단히 말해서 '스트레스는 좋든 나쁘든, 어떤 요구에 대한 몸의 반응이다.' 라는 것이다. 즐겁고 신나는 활동과 도전 또한 몸에 스트레스를 가할 수 있는데, 이런 사실은 잊어버리기가 쉽다. 그러나 좀 덜 하고 더 큰 정도의 차이는 있지만, 트라우마로 인한 신체의 요구는 극도의 스트레스 반응을 초래한다.

트라우마의 스트레스는 생명이나 신체에 대한 위협이 그 원인으로, 사고나 전쟁, 신체적 부상, 자연재해, 공격, 강간, 성폭력 등이 그 원인에 해당한다. 그러나 그에 대한 스트레스는 실제로 바람직한 반응이다. 최소한 처음에는 그렇다. 당신의 몸이 달아나거나 싸우거나, 또는 얼어붙도록 만드는 것이 바로 트라우마의 스트레스이다. 이전에 다룬 용서 부문에서 논의했듯이, 변연계 안의 편도체는 상황을 재빨리 측정하고 스트레스 호르몬을 통해 필요한 신체적 반응을 지시한다. 이런 반응은 가능한 경우에 보호나 탈출을 보장한다. 둘 다 여의치 않으면 편도체는 얼어붙기를 지시하는데, 이는 다가오는 충격을 최소화하기 위한 것이다. 아드레날린을 분출하는 트라우마의 스트레스는 우리가 트라우마를 극복하도록 돕기 위해 자연이 제공하는 보호 장치이다.

하지만, 트라우마의 스트레스는 단지 짧은 기간에 우리가 겪기에 충분할 만큼만 지속되도록 의도되었다. 일단 상황이 종결되면, 몸은 균형 상태로 되돌아오도록 되어있는 것이다. 하지만, 때때로 변연계의 다른 핵심 구조인 해마체 첫 번째 열쇠 편을 보라가 스트레스 호르몬에게 너무 압도된 나머지, 트라우마의 사건의 중단을 인식할 수 없는 경우가 발생한다. 그런 일이 일어나면, 편도체는 마치 트라우마가 다시 일어나거나 반복되는 것처럼 계속 스트레스 호르몬을 방출하라고 지시하는데 이렇게 되면 사건 때와 똑같은 스트레스 반응이 계속해서 일어나게 된다. 이것이 외상후스트레스장애(PTSD)의 가장 곤란한 부분이다. 5A의 조슈의 사례에서 논의했듯이, 어느 누구도 트라우마동 안에 얼마큼 스트레스 호르몬을 방출하고, 해마체가 잘 기능하는지 아니면 억압을 받을지 여부를 선택할 수 없기 때문이다.

불행히도, 이 글에서도 마찬가지지만 우리는 아직 어떤 사람이 외상후스트레스장애(PTSD)를 앓게 되고 또 어떤 사람이 그렇지 않은지를 구별 짓는 요소에 대한 확실한 정보를 갖고 있지 않다. 이는 앞으로의 연구과제이다. 다만 짐작이 되는 것은, 애착 유형attachement style, 트라우마의 전례여부,

스트레스 대비정도, 접촉과 지지 정도이다.

요컨대, 외상후스트레스장애(PTSD)는 당신의 잘못이 아니라는 것이다. 그것은 막스의 잘못도 아니다. 트라우마를 경험한 인구의 약 20~25%에서 외상후스트레스장애(PTSD)가 발생한다. 다른 책들과 더불어, 이 책에서 소개하는 열쇠들과 당신이 사용해왔거나 앞으로 사용할 접근법이 당신의 치유를 크게 돕기 바란다. 충분한 자기수용과 지지, 인내 또한 중요한 요소들이다.

열쇠의 발견

에이린의 경우, 그녀의 수치심의 깊이를 다루는 것과 관련된 여러 단계들이 있었다. 첫 번째는 수치심이라는 감정이 절대적으로 이성적인 것임을 이해하는 것 이었다. 그녀의 아버지가 했던 행동은 100% 잘못된 것이었다. 그러나 수치심 때문에 잘못된 행위가 확인된다는 사실을 깊이 생각해보는 것이 그녀가 소화시켜야 할 새로운 생각이었다. 처음엔 다소 혼란스러워 했지만 그녀는 점차 이 개념을 이해하게 됐다. 그리고 그 깨달음은 에이린으로 하여금 '탐조등' 을 옮겨 아버지의 수치심이어야만 했던 것 곧, 아버지의 수치스러운 행동을 비추게 만들었다.

다음 작업은 그녀 자신에 대한 수치심과 그의 행동의 수치스러움을 구별하는 것이었다.그녀가 사용한 전략은 꽤 간단했다. 종이를 반으로 나누어 한쪽에는 자신을, 다른 한쪽은 아버지의 이름을 적었다. 각자의 이름

밑에는 각각 부끄러운 행동을 적었다. 아버지의 항목은 매우 길었다. 그러나 자신의 차례가 되자 그녀는 멈칫거렸다. 그녀는 아버지가 자신과 가족에게 가한 행동, 예를 들면 '그를 막지 못했던 것' 또는 '남동생을 보호하지 못했던 것' 과 같이 그의 가해 행위와 직접적으로 관련 있는 것들만 간신히 기억을 해냈었다. 그리고 마침내, 그녀는 마치 흑과 백처럼 자신의 수치심이 그의 파렴치한 행위와 완전히 연관되어 있다는 사실을 발견하고는 놀라워했다. 자신이 항상 끔찍한 사람이라고 믿어왔었는데, 사실은 무고한 희생자에 불과하다는 인식이 점차 그녀를 파고들기 시작했다. 그녀는 자신의 마음과 느낌을 분명히 하기 위해, 아버지에게 편지를 쓰기 시작했다. 그것은 아버지의 책임과 나아가 부끄러움을 지적하기 위해서였다. 우리는 이 편지를 실제로 보내는 것의 타당성에 대해 논의했다. 그녀는 아버지가 '진실을 보지' 않을 것이며 자신의 잘못도 인정하지 않을 것이라고 결론을 내리면서 편지를 부치지 않기로 결심했다. 편지 쓰기는 그것 자체로 만족스러웠다. 본질적으로 그녀는 자신의 수치심이 그에게 되돌려진 것처럼 느꼈던 것이다.

에이린의 수치심을 해결하는 마지막 단계는 믿을만한 친구에게 사실을 털어놓는 것이었다. 그녀의 친구가 기꺼이 승낙하자 그녀는 학대의 정도와 그가 어떻게 그녀를 이용했는지를 말했다. 그러나 세부적 자세히 말하지는 않았다. 그녀의 친구가 또다른 트라우마 위험을 감수할 이유는 없었기 때문이다. 그의 행위에 대해 친구가 보여준 공포와 경악은 에이린의 결백성을 확인시켜주는 효과가 있었다. 흔쾌히 받아들이고 애정 어린 관심을 보여준 친구와 수치심을 공유함으로써 그녀의 치유는 현저하게 호전이 됐다. 그것은 수치심이라는 무게로부터 궁극적으로 그녀를 구한 중요하고도 커다란 진전이었다.

막스의 경우, 가장 큰 피해를 주었던 것은 수치심이 그에게 가한 고립isolation이었다. 그가 가족 및 친구들과 이야기하게 된 것도 도움이 됐지만, 당시에 겪었던 것을 다른 군인들과 공유한 것이 가장 큰 치유 효과를 안겨주었다. 막스가 재향군인회를 방문하기로 결정한 것은 그로선 결코 쉬운 선택이 아니었다. 수치심으로 인해 그는 온몸이 거의 마비가 될 지경이었다. 더욱이 외상후스트레스장애(PTSD) 때문에 조롱과 수치를 당할 것이라는 생각에 마음은 더 무거워졌다. 형의 지지를 등에 업고, 그는 집과 가장 가까운 재향군인회 사무실을 찾았다. 그 곳의 사례별 담당자는 그는 혼자가 아니고, 같은 문제로 고통을 겪는 퇴역 군인들이 많다는 것을 확인시켜 주었다.

사회복지 부서의 도움으로 막스는 지지 모임을 소개받았다. 퇴역군인의 모임에 참석하기 위해 가장 가까운 도시로 운전을 하고 가야만 했지만, 그렇게 시간을 들인 보람이 드러났다. 막스는 그 때까지 다른 퇴역 군인들을 피해 다녔는데, 자신을 겁쟁이로 여길까봐 무서워서였다. 그러나 그는 지지 모임에서 완전히 정반대되는 사실을 발견했다. 동료군인들은 그의 어려움을 잘 받아들였을 뿐만 아니라, 그들 역시 비슷한 문제로 고통을 겪고 있었다. 곧, 그런 반응을 보인 사람이 그 혼자만이 아니었던 것이다. 많은 사람들이 마치 아직도 적의 수중에 있는 것처럼 적어도 한 번씩은 보호덮개 속으로 몸을 날렸던 적이 있었다. 대개는 지나가는 비행기 소음이나 자동차 폭발음, 번개, 지진 등이 원인의 제공자였다. 그들은 또한 전쟁에 관한 뉴스와 영화에도 반응했다. 최근 몇 년 동안에 자신이 겪은 가장 치욕스럽고도 두려웠던 행동들이 옛 동지들 사이에서 아주 흔한 것임을 깨닫자, 그의 수치심은 매우 완화가 됐다. 정기적으로 초대 손님을 모시는 것이 이 모임의 특징이었는데 막스는 외상후스트레스장애(PTSD) 심리학 강의가 그의 상태를 정상화하는데 특히 유용하다는 걸 알았다. 외상후스트레스장애(PTSD) 때문에 여전히 기분은 좋지 않았지만, 그것에 대한 수치심은 급격히 소멸되기 시작했다.

마침내, 막스는 활동가로 다시 태어났다. 군대가 외상후스트레스장애(PTSD)를 군 복무와 관련된 부상으로 인식하는데 많은 발전이 있었음은 인정했지만 그는 아직도 갈 길이 멀다고 느꼈다. 그리고 조사를 벌인 결과, 외상후스트레스장애(PTSD)가 예전에는 군대에서 비겁함과 같은 의미로 받아들여졌음을 발견했다. 얼마 전까지만 하더라도, 외상후스트레스장애(PTSD) 증상을 보이는 군인은 심지어 총살을 당할 수도 있었다. 물론 그 후로 사정은 많이 달라졌으나 외상후스트레스장애(PTSD)는 아직도 다른 부상들과 똑같은 대우를 받지 못하고 있었다. 그는 외상후스트레스장애(PTSD)로 고통을 겪는 전투병도 훈장을 받을 수 있도록 자격을 부여하는 운동에 가입도 하였다. 그런 대의명분이 그만의 상황을 더 잘 받아들이도록 도왔다. 군인의 심리적 부상도 신체적 부상과 똑같은 명예를 받을 자격이 있다는 것을 다른 사람들이 깨닫기 시작했다는 사실은 그에게 많은걸 의미했다. 이 글을 쓰는 지금도 이들이 주장하는 대의명분은 아직도 미해결 상태로 남아있지만, 막스와 그의 동료들은 전쟁의 상처는 부끄러운 것이 아닐 뿐만 아니라, 보이든 안보이든 모든 상처는 명예로운 것임을 군대가 깨닫도록 계속해서 압력을 가하고 있다.

자신에게 적용하기

이 시점에서 가장 유감스러운 것은, 이것이 책이기 때문에 독자와 내가 직접 머리를 맞대고 얘기를 나눌 수 없다는 사실이다. 나는 깊은 부끄러움의 감정들을 치료하고 완화하기 위한 인간적인 접촉의 힘을 강하게 믿고 있다. 그러므로 이 주제에 대해 함께 이야기할 수 있는 사람이 있는지 고려해 보라. 처음 시작할 때 적당한 질문은 다음과 같은 것이다. '수치심을 느껴 본 적이 있나요?' 상대방도 비슷한 경험이 있었다는 것을 알게 되면, 당신의 경험도 자연스레 털어 놓을 수 있는 길을 닦게 된다.

하지만 누군가에게 접근하기 전, 당신의 수치심 때문에 한 가지 경고할 것이 있다. 수치심에 대한 토론이나 고백으로 바로 뛰어드는 건 좋은 생각이 아니라는 사실이다. 조심스럽게 먼저 길을 닦아 놓지 않으면 훨씬 더 심한 수치심을 느끼게 될 위험성이 있다. 당신과 통화하던 친구가 갑자기 전화를 끊어야 하는 사태가 발생할 수 도 있다. 이때는 아마도 친구가 회의 중이었거나, 친구의 자녀가 급한 일로 호출하는 것일 수도 있고 또는, 점심에 만나기로 한 친구가 마음이 너무 복잡한 상황이어서, 당신이 필요로 하는 관심을 주지 못하는 경우도 있을 수 있다.

고백컨대, 나는 이 교훈을 아주 힘들게 배웠다. 지금, 특별히 기억나는 상황이 있다. 힘들기는 했지만 그 교훈 때문에 나는 어려운 사적인 주제로 나로선 말하기 힘들고 친구 입장에서 듣기 어려운 것 친구에게 다가설 때는 더 주의를 기울여야 한다는 것을 배웠다. 그 날 저녁, 나는 몹시 흥분된 상태였고 지금은 왜 그랬는지 기억도 나지 않는다. 내 마음을 누군가에게 표현하려는 마음이 강했다.

나는 그날 저녁을 먹기 위해 한 친구와 만났다. 자리에 미처 앉기도 전에 나는 불쑥 내 고민거리를 쏟아 붓기 시작했다. 그리고 큰소리로 말을 하기 시작한지 채 5분도 되지 않았는데, 친구가 눈물을 글썽거리면서 내 뒤쪽을 바라보고 있다는 것을 난 눈치 챘다. 그 때, 우리 사이에는 접촉이란 존재하지 않았고, 그 순간, 나는 무언가 강한 느낌을 받았다. 또한, 친구의 상태를 미리 알아채지 못했다는 것에 나는 심한 수치심을 느꼈고, 나의 일부가 무시당했다고 느껴졌고 화가 났으며, 그 순간에 슬픔이 밀려왔다. 털어놓기 전보다 더 외롭다는 생각이 들었기 때문이었다. 상황을 잘못 판단했다는 느낌은 정말 끔찍한 것이었다. 마침내 나는 정신을 가다듬고 무슨 일이 있느냐고 친구에게 물었다. 내가 알게된 것은, 아주 아주 좋지 않은 소식을 그가 막 들었다는 것이었고, 결과적으로 위로를 받아야 할 사람은 내가 아니라 그 친구라는 것이었다. 나는 정말 할 수만 있다면 시계 바늘을 거꾸로 돌려놓고 싶었다. 내 말을 먼저 쏟아놓기 전에 근심스런 친구의 표정을 알아차리고 '어떻게 지냈니?' 라고 한마디만 물어보았더라면 얼마나 좋았을까? 그 날 저녁 이후로 나는 무엇이든 내게 소중한 것을 털어놓을 때는 반드시 상대방에게 '지금 시간 괜찮니?' 혹은, '지금 30분쯤 시간을 내줄 수 있니?' 라고 먼저 물어볼 것을 맹세했다. 사실, 이 아이디어는 어느 경우를 막론하고 좋은 생각으로, 이렇게 물어봐줘서 고맙다고 한 친구나 동료들도 있었다. 상대방이 지금 적절한 시간이 아니라고 한다면, 만날 날짜를 다시 잡거나 나중에 전화해 달라고 요청을 하면 된다.

일단 상대편이 좋다고 확인하면, 상대방이 들을 때 잠재적으로 흥분할 가능성이 있는 어떤 것에 대해서는 만일의 경우 듣지 않아도 되는 선택권을 부여하는 식으로 서두를 떼는 것이 유용하다. 예를 들면, 이 핵심의 주제에 대해 말하고자 할 때 이런 식으로 시작을 하는 것이다. '수치심에 대해 너랑 얘기하고 싶은데 괜찮겠니? 난 지금 그것과 씨름하고 있고, 너도 그런 경험이 있었는지 궁금해.' 이런 식으로 말을 하면, 앞으로 이어질 대화에 대한 상대방의 책임감을 상기시키면서 주의를 집중시키게 된다.

어떤 사람들은 이 아이디어가 상대방에게 너무 많은 책임을 지운다고 비판한다. 그러나 나는 그렇게 생각하지 않는다. 먼저 상황을 점검함으로써, 실제로 나를 더 잘 보살필 수 있고 상대방도 더 잘 귀를 기울일 수 있다고 믿는다. 나에게 매우 소중하거나 어려운 무언가를 마침내 공유할 준비가 확실히 됐을 때, 상대방 역시 귀를 기울이고 나와의 접촉을 유지할 태세를 갖추게 된다. 친구와 이 아이디어를 시도해 보고 당신에게 유용한지를 점검해보라.

이는 또한 당신의 마음챙김 측정기를 적용해 볼 수 있는 적절한 상황이다 첫 번째 열쇠. 먼저 친구나 가족과 이야기하는 걸 상상해 본 뒤, 측정기가 어떻게 반응하는지 지켜보라. 측정기가 가리키는 것을 따라 가장 먼저 이야기할 사람과 그 다음 순서를 결정할 수도 있다.

지금이 당신의 수치심을 말하기에 적절한 때인가?

시기에 주의를 기울여라. 많은 전략과 개입에 있어서 시기는 중요한 요인이지만 특히, 수치심을 다룰 때 더욱 그러하다. 수치심을 캐는데 자신을 너무 조급하게 밀어 넣는 것은 좋은 생각이 아니다. 마음챙김 측정기를 이용해 수치심의 한두 가지의 측면을 다룰 적절한 시기가 언제인지를 계획해보라. 치유과정의 초기에 이 문제를 공략하는 것이 가장 적절한 사람이 있는가하면, 마지막 단계까지 기다리는 것이 좋은 사람들도 있다. 양 쪽의 어디엔가 당신이 이 문제를 공략하기에 적당한 시점이 있을 것이다. 치유의 모든 측면이 다 그런 것처럼 수치심을 다루기에 적절한 시기는 개인마다 다 다르다. 단지 한꺼번에 모든 것을 해결해보겠다고 덤비지만 말아라. 여기 수치심을 공략하기 전에 반드시 고려해야 할 사항을 적어놓았다.

- 이 수치심을 해결하고 싶은가?
- 이 수치심을 해결하는데 있어 어떤 부정적인 위험은 없는가?
- 이 수치심을 다루는데 필요한 지지를 받을 수 있는가 즉, 당신과 이야기를 나눌 한두 명의 믿을만한 사람들이 있는가?
- 외상후스트레스장애(PTSD)에 대한 일반적으로 알려진 정보를 충분히 알고 있는가? 특히, 당신과 관련된 트라우마 유형의 일반적 결과에 대해 충분한 정보를 갖고 있는가?

실전연습 1

수치심의 가치

당신의 트라우마와 관련해 느끼는 수치심의 긍정적 측면에 대해 적어도 3

가지 이상을 생각해보자. 뭔가 잘못되어 있다는 경각심을 불러일으켜 주었다고 생각되지 않는가? 수치심 때문에 오히려 다른 사람에게 해가 가지 않도록 막았다는 생각이 들지 않는가? 아마도 수치심으로 인해 당신은 당신의 네트워크나 가족과 사이가 더 돈독하게 됐는지도 모른다. 당신이 발견한 것을 다른 사람들과 나누어라. 아무것도 생각이 나지 않는다고 해도 실망할 것은 없다. 다음에 언제든지 이 연습으로 돌아올 수 있다.

실전연습 2

수치심을 공평하게 배분하라

에이린의 경우에서처럼, 당신 대신에 수치심을 짊어져야 할 그런 사람이 있는지 깊이 생각해보라. 그들이 짊어지어야 할 몫을 당신 혼자서 지는 것이 가능한가? 어떻게 하면 그들이 당연히 가져야 할 수치심을 다시 느끼도록 비유적으로할 수 있을까? 또는 적어도 당신의 짐이라도 벗어버리도록 할 수 있을까? 마음챙김 측정기를 이용하여 시나리오나 방법을 구상해보라. 편지나 시를 쓸 수 도 있고, 그림을 그리거나 마치 연극하는 것처럼 하나의 대사를 만들 수 도 있다. 그러나 무엇을 하든, 목표는 다른 사람이 져야 할 수치심과 오로지 정당한 당신의 몫을 분리하는 것임을 명심하라.

실전연습 3

수치심을 공유하라

당신이 수치스럽다고 느끼는 것들의 목록을 만들어라. 그런 다음에, 직면하기 가장 어려운 것을 맨 아래에 놓고, 가장 덜 어렵게 물론 어느 것도 쉽진 않지만 느껴지는 것을 맨 위에 놓으라. 가장 덜 어렵다고 느껴지는 수치심에 대해서 같이 얘기를 나눌 수 있는 믿을 만한 친구나 가족을 골라라. 이렇게 시작함으로써 자신감을 쌓고, 수치심에 자신이 압도당하는 것은 줄일 수가 있다. 이야기하기에 가장 좋은 사람을 찾으려면 앞부분에 나온 '자신에게 적용하기'의 지침을 참고하기 바란다. 첫 번째 시도의 결과에 기초해서 그 사람과 계속할지 아니면 다른 사람으로 바꿀지를 결정할 수가 있다.

다섯 번째 열쇠에 대한 평가

다른 열쇠들과 마찬가지로, 이 다섯 번째 열쇠에서도 똑같은 지침이 적용된다. 이 다섯 번째 열쇠가 당신에게 유용한 것인가? 마음챙김 측정기와 상식은 당신에게 무엇이라고 말을 하는가?

다섯 번째 열쇠를 어떻게 사용할 것인가
혹은 사용하지 않을 것인가를 계획하라

이 다섯 번째 열쇠가 당신과 수치심과의 관계 및 수치심에 대해 일반적으로 갖고 있었던 당신의 태도를 변화시켰는가? 그런 생각의 변화가 자신과 다른 사람들의 수치심에 대해 어떻게 영향을 미칠까? 어떤 변화가 있었는지 생각해 본 뒤, 만약에 그렇다면 앞으로의 삶에서 그런 태도가 유용할 것인지 혹은 얼마나 유용할 것인지를 깊이 생각해보라. 자신에게서, 혹은 가족과 친구들에게서 앞으로 수치심과 대면하게 된다면 어떤 식으로 경각심을 가질지 그 방법을 강구해보라.

여섯 번째 열쇠

➔ 큰 도약을 위해서 작은 걸음부터 시작을 하라![5]

옳은 방향을 향해 작은 보폭으로 많이 걷는 것이 한 번 껑충 뛰고 뒤로 넘어지는 것보다 백번 낫다. – 중국의 격언

중용이 생존의 비결이다. – 맨리 홀

글쓰기에 관한 책 가운데 내가 가장 좋아하는 책은, 앤 라모트의 '한 번에 한 마리씩 : 글쓰기와 삶에 관한 몇 가지 교훈들 Anne Lamott, Bird by Bird: Some Instructions on Wrinting and Life' 이라는 책이다. 이 책은 작가뿐만 아니라 독자들에게도 유용한, 상식과 지혜로 가득 찬 사랑스러운 작은 책이다. 그녀는

5) 이는 우리말 속담의 '천리 길도 한걸음부터' 와 일맥상통하는 것이다. 역주

첫 장의 몇 페이지에 걸쳐 그녀의 학생들에게 언제나 유용하게 쓰였던 자신의 가족사에 관해서 들려준다. 그녀와 그녀의 아버지 온화한 지혜가 당신의 트라우마 치유에도 도움이 되기를 바라면서 여기에 소개를 한다.

[30년 전, 그때 당시 10살이었던 오빠는 그날도 새에 관한 보고서를 쓰려고 낑낑대고 있었는데, 그렇게 애를 쓴지 이미 3개월이 넘었고, 제출기일은 그 다음 날로 다가와 있었다. 우리 식구는 당시 볼리나에 있는 조그만 별장에 나와 있었다. 그는 종이와 연필, 그리고 펴보지도 않은 새에 관한 책에 둘러싸여 거의 울먹이듯 부엌 식탁에 앉아 있었는데, 해야 할 일이 너무나 거대하게 보였던지 완전히 사기를 잃고 있었다. 그러자, 아빠가 오빠 옆에 앉으면서 그의 어깨를 안으며 이렇게 말하는 것이었다. "한 번에 한 마리씩 하렴, 얘야. 그저 조금씩 하면 된단다."] (pp. 18~19)

당신은 치유라는 임무에 억눌려 있지는 않은가? 혹은 너무 멀리, 너무 빨리 밀어 붙이는 바람에 되돌아오는 충격파에 고통을 받고 있지는 않는가? 치유를 너무 서두르는 바람에 즉, 준비도 되어있지 않은데 보폭을 더 빨리, 너무 크게 내딛는 바람에 지쳐버리는 사람들이 많이 있다. 치유를 빨리 하고 싶은 마음은 누구나 다 똑같다. 정말 끔찍한 고통으로부터 빨리 벗어나고 싶기 때문이다. 그러나, 목표에 직면해서 마비되어 버리거나, 그 과정을 너무 돌진하는 식으로 한다면 결과는 좌절만 일으키고 상황은 더 악화될 수도 있다. 한 번에 하나씩만 공략하는 것이 너무 느리게 보일지도 모르고, 감당할 만큼의 작은 양으로 쪼개는 것이 너무 쩨쩨하게 보일 지도 모른다. 그러나 실제 성취할 수 있는 양으로 각 단계를 축소시킨다면, 궁극적으로 성공의 가능성은 더 커진다. 위에서 인용한 중국의 격언은 이를 잘 상기시켜준다. 겉보기에는 터무니없이 작아 보일지 모르지만, 자신이 감당할 수 있는 보폭으로 걸으면서 안전하게 목적지에 도착하는 것이 두 다리가 찢어지도록 걷다가 뒤로 미끄러지면서 증상을 악화시키는 것 보다는 백번 낫다.

물론, 자신의 내면의 압력 외에도 조급함을 재촉하는 많은 환경적 요인들이 있다. 현대의 보험제도와 피고용자 지원에 관한 제한사항들은 당신만의 적절한 양과 속도를 찾는 것을 크게 방해한다. 그것들은 트라우마 치료를 점점 제한하고 있으며, 심지어 단 몇 번의 회기로 끝나는 것들도 있다. 일부 자조自助에 관한 책들도 빠른 치유를 가져온다고 주장하는 전략을 소개함으로써 이런 조급함에 기여하고 있다. 마음의 상처를 가지고 매일 살아나가는 것도 힘든데 이런 압력까지 보태진다면, 그 결과가 별로 유쾌하지 않을 것이라는 건 불을 보듯 자명한 일이다. 실제로 감당할 준비가 되어있지 않음에도 불구하고 관련 기관이나 책에서는 더 빨리 치유할 수 있다고 압박을 가한다면 스트레스로 인해 정반대의 상황을 초래할 수도 있다. 이런 상황은 트라우마를 입은 사람들로 하여금, 자신이 다룰 수 있는 것 보다 훨씬 더 큰 보폭을 시도하도록 내몰게 만든다. 씹으면서 맛을 음미하지 않고 일단 한 입 덥석 베어 먹는다면 결과적으로 심한 '소화불량' 과 후퇴를 가져오면서 가야 할 길을 더 멀게 할 수도 있다. 당신만의 체계와 상태에 알맞은 보폭은 어느 정도인지를 찾도록 도와주면서 더 나은 여정으로 걸어가도록 안내하는 데에 본장의 목적이 있다.

특히, 트라우마를 다룰 때는 일반적으로 조금씩 하는 것이 훨씬 더 효과적이다. 다시 한번 강조해서 말하지만, 정말로 그렇다. 오랜 기간에 걸쳐 많은 임상지도 감독과 자문의 경험 결과, 나는 그저 조치의 크기를 줄이기만 하면 문제가 해결된다는 것을 알았다. 물론 이렇게 하기는 쉽지 않다. 개인들도 어려워하고 심지어 트라우마 심리치료사들도 마찬가지이다. 때때로 나는 대체 누가 더 빨리 하라고 압력을 넣는지 궁금하기도 하다. 도움을 주는 사람일까 아니면, 받는 사람일까? 아무튼, 템포를 줄이는 것이 어렵긴 하나 궁극적으로는 보상을 받게 되어있다는 사실을 잊지 말아야 한다.

내가 할 수 있다고 확신할 수 있는 성공을 보장하는 적절한 사이즈를 찾는 것은 트라우마 치유에서 가장 으뜸가는 유용한 규칙이다. 실제로, 이는 목표를 시도할 때의 좋은 기준이 된다. 시작 부분에서 소개한 앤 라모트의 아버지는 이 원칙의 좋은 예이다. 그의 아들은 일의 규모에 질려있었다. 이 모든 새들에 대해서 써야 한다니! 하지만, 그는 새 한 마리 에 대해서는 한 두 단락의 문장을 쓸 수가 있었다. 해낼 수 있는 만큼만 첫 발자국을 떼었을 때, 전반적 성공의 가능성은 증가를 했다. 트라우마 치유에도 이와 같은 원칙이 적용이 되는 것이다. 작은 성취들을 쌓아나가는 것이 치유를 향해 꾸준히 가게 할 뿐만 아니라, 자신감과 자긍심도 높인다. 이렇게 되려면 실제로 성취 가능한 양을 신중히 계획해야 한다. 때로는 목표를 향해 조금 더 큰 발걸음을 떼어보고 싶은 마음이 들 때도 있을 것이다. 이럴 때는 이 보폭이 가능한지 목적지에 도달할 수 있을 것인지 단단한 확신이 들 때에만 그렇게 해야 한다. 만약 그런 확신이 들지 않는다면, 보폭을 약간 줄이도록 하라. 그럴 때에 성공의 가능성은 더욱 커지는 것이다. 일반적으로, 성공은 또 다른 성공을 불러온다. 더 많은 성공을 성취하는 기회를 증가시키는 것이다.

첫 번째 열쇠에서 논의한 재니스의 경우는 도달하기 어려운 목표 설정의 위험성을 보여주고 있다. 안기고 싶은 나머지 목표를 향해 성큼 뛰어올랐고, 결과적으로 그녀는 멍해지고 해리 상태가 되었다. 너무 큰 걸음을 옮겼던 것이다. 쉽지는 않았지만, 일단 더 작은 보폭으로 걷기 시작했을 때- 친구로 하여금 자신의 어깨에 손만 얹게 한 것이 그 첫 번째였다- 그녀는 성공을 했다. 그리고 그 최초의 작은 발걸음이 다른 걸음으로 이어졌다. 조금씩, 한 번에 한 단계씩, 한 번에 새 한 마리씩 공략을 했을 때, 마침내 그녀는 도망가거나 공포에 휩쓸리지 않고, 타인에게 안기고 그와 포옹을 할 수 있었다.

수영 하는 법을 배우기

다음의 예는 위에서 논의된 두 가지 원칙이 성공적으로 적용된 경우이다.

수영할 줄 모르는 사람은 수영장의 깊은 쪽에서 시작해서는 안 된다는 사실은 누구나 알고 있는 사실이다. 아주 위험한 결과를 가져올 수 있기 때문이다. 수영을 할 줄 모르는 사람이 깊은 곳에서 수영하는 법을 배우기 시작한다면 수영을 배우기는커녕, 두려움만 밀려올 것이다. 수영하는 걸 배우려면 우리는 반드시 얕은 쪽에서 시작해야 한다. 그러나 거기에서도 무엇이든 마음대로 할 수 있는 것은 아니다. 감당할 수 있을 만큼 속도를 조절해야 수영을 배울 수 있다.

나의 내담자 릴리는 네 살 난 아들 메코 때문에 조바심이 났다. 메코는 작고 얕은 수영장에서 노는 것을 좋아했지만, 릴리는 메코가 수영을 배우기 원했다. 그리하여 힘겨운 '전투' 가 벌어졌다. 그녀가 메코를 큰 수영장으로 끌고 갈 때마다, 메코는 소리를 지르고 울었다. 커다란 수영장이 너무나 무서웠음이 틀림없었다. 엄마가 붙잡고 있어도 마찬가지였다. 나는 그녀에게 도전의 크기를 최소화할 생각은 없냐고 물어 보았다. 짜증 때문에 명료한 사고를 하지 못했던 그녀는 다른 방법에 대해서도 확신을 못하고 있었다. 하지만 다른 사람의 의견에 개방적이었던 그녀는 결국 내 제안을 받아들였다. 맨 처음 단계는 수영장 가장자리에 메코를 앉힌 뒤 맨 꼭대기 계단에 발을 올려놓는 것이었는데 물이 발에 닿는 정도였다. 그녀는 그것에 동의를 했다. 다음 주에 돌아 온 그녀는 괜찮았다고 보고했다. 메코는 발만 물에 담근 채 앉아 있는 것을 좋아 했다. 그 다음에 내가 제안한 것은, 첫 번째 계단으로 미끄러지듯 내려가 쭈그리고 앉아 발을 젖게 하면서 엉덩이도 약간 젖는 것이었다. 그것도 역시 잘 진행됐다. 다음 주에는 첫 번째 계단에 앉고 발은 두 번째 계단에 놓게 했다. 그런 식으로 하면 몸의 아랫부분이 곧 물에 잠기게 될 것이었다. 그리고 이때쯤, 하나의 '원칙' 을 충분히 파악한 릴리는 메코를 두 번째 계단에서 쭈그리고 앉게 만들어 가슴팍까지 물에 잠기게 했다고 보고를 했다. 이런 식으로 한 번에 조금씩 도전을 쪼개는 방식으로 나아갔다. 6주쯤 지나자 메코는 엄마 품에 안겨서 수영장 끝까지 갈 수 있었고 아주 기분 좋아 했다. 이제 다음번 도전은 실제 수영 기술을 가르치는 것이었다.

우리는 각 발전 단계를 감당할 만큼의 크기로 쪼갬으로써 싸우지 않고도, 심지어는 즐겁게 릴리와 메코의 문제를 해결했다. 처음에 릴리는 이렇게 하는 것이 우스꽝스러울 정도로 느리다고 생각했지만, 뒤돌아보면서 결과에 만족했다. 몇 달도 지나지 않아, 메코는 마치 물고기처럼 수영을 했다. 물론, 물속에서 메코를 부둥켜안고는 비명을 질러대는 메코를 안전하다고 계속 달래거나 참고 견딜 수도 있었을 것이다. 아마도 결국에는 메코도 이겨냈을지 모르지만, 모자의 유대감이 상처를 입었을지도 모른다. 각 단계의 임무를 쉽게, 심지어 즐기면서 할 수 있게끔 축소시킴으로써 모자 간의 관계도 손상되지 않고 그 목표도 이루었다고 난 생각한다.

계량되고 측정된 회피의 가치

감당할 수 있을 만큼 조치의 크기를 줄이다 보면, 단기적으로나 장기적으로 한 두 개 이상의 단계를 건너뛰거나 전체를 다 바꿔야 하는 일이 벌어질 수도 있다.

로사의 사례

30세의 로사는 가족의 소홀함 속에 성장을 했고, 어릴 시절 신체적인 학대도 받았다. 그리고 10대 이후로, 그녀는 정기적으로 공황에 시달려왔다. 그녀의 치유 목표의 하나는 팔목을 칼로 긋고 싶은 강한 충동을 멈추는 것이었다. 종종 해리되곤 했던 그녀는 그런 식으로 자해를 함으로써 자신의 몸의 감각을 다시 느끼고 공포감도 줄어드는 것처럼 느꼈던 것이다. 방법을 달리하되 똑같은 효과를 가져 올 전략에 대해 논의하던 중, 나는 그녀에게 찬물로 샤워를 하면 어떻겠냐고 물었다. 덜 극단적이면서 접촉의 느낌을 다시 살릴 수 있는 방법을 제안한 것이었다. 내 말에 로사의 눈이 갑자기 커졌다. 얼굴이 창백해지고 머리를 뒤로 젖히더니 격렬하게 숨을 들이켰다. 내가 말한 무언가가 그녀를 두렵게 했음이 틀림없었다. 숨을 가쁘게 몰아쉬고 나더니, 그녀는 사실 샤워를 하는 것이 제일 무섭다고 말했다. 그러나 샤워를 몹시 두려워했음에도 불구하고, 그녀가 사는 곳엔 욕조가 없었기 때문에 그녀는 할 수 없이, 그것도 매일 샤워를 해야 했다. 그녀가 두려워한 것은 물이 아니라 단지 샤워였다. 처음의 주제였던 자해에서 벗어나고 있었지만, 나는 이것들이 어떻게 연관되어 있는지 궁금해졌다. 게다가, 만성적으로 두려움에 시달리는 사람이 자신을 더 깊은 공포로 정기적으로 밀어 넣어야 한다는 사실이 나를 몹시 우려하게 만들었다.

그 시점에 이르자, 나는 그녀가 왜 샤워를 두려워하는지에 관심을 쏟을 여유가 없었다. 다만 그녀가 겪었던 상처와 관계가 있을 것이라는 추측만 할 뿐이었다. 여기서 우선 해결해야할 문제는 그녀의 과거가 아니라 현재였다. 샤워에 대한 두려움 때문에 매일 매일의 생활이 극도로 어려움을 겪고 있었다. 그리고 그 이유 때문에 나는 그녀의 과거에 대해 토론하고 싶지 않았다. 증상을 줄이는 것이 가장 중요한 것인데 오히려 증상을 악화시킬 수도 있었기 때문이었다.

로사와 나는 이 점에 대해 논의를 했다. 샤워하는 것을 감정적으론 좋아하지 않지만, 위생 문제 때문에 다른 대안을 찾을 수 없다는데 동의했다. 적당한 대체 방안이 나올 때까지 임시방편으로 적당한 것이 없을까 하고 물어보았다. 그녀는 내 의견에 큰 관심을 갖고 귀를 기울였다. 로사가 물이나 목욕탕, 주방 싱크대를 무서워하는 것은 아니었기 때문에 스펀지로 목욕을 하고 머리를 대야나 다른데서 감는 것은 어떠냐고 물어보았다. 그녀는 이 의견을 매우 흥미로워했고, 높은 스트레스 때문에 자신이 그런 생각을 못한 것인지 궁금해 하기도 했다. 그리고 그녀는 이 대체 방안을 시도하고 싶어 했고, 3주의 목표기간을 정했다.

우리는 계속해서 만나면서, 샤워를 피하는 것에 대한 로사의 반응을 추적해나갔다. 실험 가운데 최악의 것은, 자신이 '다른 사람들이 하는 방식'으로 샤워를 하지 않는다는, 약한 강도의 수치심뿐이었다. 그녀는 자신이 약간 겁쟁이 같다는 생각도 했다. 그러나 여기에서 긍정적으로 보였던 것은, 만성적인 두려움이 현저히 줄었고 해리현상도 두드러지게 감소한 것이었다. 해리 횟수가 줄고 그 강도도 약해졌기 때문에, 자해 횟수 역시 감소를 했다. 대체로 그녀로선 아주 성공적인 실험이었다.

그녀는 샤워를 영원히 중단하고 싶은 유혹도 느꼈지만 사회적인 관습을 따라야 한다는 생각으로 이를 이겨냈고, 일주일에 적어도 두 세 번은 샤워를 다시 하기로 결정을 했다. 샤워를 하고 난 후, 그녀는 무엇인가 변했다는 사실을 발견했다. 두려움의 정도가 상당히 줄어든 것이다. 그녀는 여전히 샤워를 즐기지는 않았지만, 대안이 있다는 사실 때문에 더 이상 공황이나 해리로 진전되지는 않았다. 불안이 이미 아주 심해진 상태일 때는 싱크대에서 그냥 씻었다. 그 빈도와 정도 면에서 극적으로 줄기는 했지만, 로사는 여전히 때때로 자해를 했다. 완전한 제거가 여전히 목표로 남아있긴 하지만, 목욕의 성공으로 자신에게 적절한 단계와 속도를 알아냈기에, 그녀의 목표 또한 이뤄낼 수 있다고 나는 생각한다.

이론의 적용

나는 본 장을 쓰면서 약간 골머리를 앓았는데, 이번 열쇠의 개념 즉, '더 작은 단계로 쪼개기' 가 별로 과학적으로 여겨지지 않기 때문이었다. 이 전략이 도움이 된다는 내 아이디어를 지지해주는 어떤 실질적인 조사연구는 없다. 그러나 때때로 상식이 과학보다 더 정확하다고 나는 믿는다. 게다가, 어떤 병이든 성공적인 치유를 위해 환자가 감당할 수 있는 속도가 중요하다는 것에는 대부분의 사람이 동의할 것이다. 예를 들어, 생명을 구하기 위한 암 치료는 빠르고 강하게 진행되어 야하지만, 환자의 몸이 치료과정을 견디려면 때로는 화학요법을 늦추거나 중단할 필요가 있다. 만약 어떤 조치가 너무 커서 관리하거나 성공적으로 되기 어렵다면, 그 조치는 성취될 수 있는 크기로 반드시 다듬어져야 한다. 이 여섯 번째 열쇠장의 첫 페이지에 소개된 중국의 격언은 바로 이를 설명해주고 있다. 큰 도약이 아무리 매력적으로 보일지라도, 처음 시작할 때 보다 당신을 더 나쁜 지점에 착륙시킨다면, 당신은 조치의 크기를 반드시 조절해야 한다.

물론 당신은 조급해할 것이다. 지금 당장 회복하고 싶어 할 것이다. 어제 치유되었더라면 더 좋았을 텐데 라고 하면서 말이다. 그러나 그것이 아무리 느려보여도 실제로 당신을 목표에 데려다 줄 속도를 선택해야 한다는 것을 잊지 말아라. 이솝우화를 기억하는가? 세월이 흘러도 녹슬지 않는 상식과 지혜가 들어있기 때문에, 그 이야기들은 1500년 동안이나 인기를 누려왔다. 잘 알려진 우화인 토끼와 거북이는 우리의 이 주제와 관련이 있는 것이다. 이 이야기의 교훈은 다른 상황에서도 그러하지만, 특히 트라우마 치유에도 경종을 울리는 것이다. 즉, '느리지만 꾸준한 사람이 결국 경주에서 이긴다.' 라는 이 교훈은 트라우마 치유에서도 마찬가지로 적용이 되는 것이다. 느리고 꾸준할 때에, 당신은 치유를 앞당길 수 있다.

정신적 외상을 입은 사람들은 종종 어마어마한 목표를 설정한다. 베스는 이 범주에 해당됐다. 그녀는 자신이 원하는 것을 알고 있었지만, 어떻게 하면 목표에 도달할 수 있을지접근 방법이 떠오르지 않아 당황해했다. 그녀의 목표는 '더 나은 삶을 갖는 것' 이었는데, 가치가 있는 것이긴 했지만, 취해야 할 조처와 너무 많은 요소들이 포함된 거대한 목표였다. 나는 그녀에게 더 나은 삶을 향한 첫 번째 단계는 무엇이냐고 물었다. 그녀는 '돈을 더 많이 버는 것' 이라고 대답했다. 여전히 너무 커서 구체적으로 작업할 수 없기에, 더 많은 돈을 갖기 위한 첫 번째 조치는 무엇이냐고 묻자 그녀는 '나 자신에 대해 더 좋게 느끼는 것' 이라는 대답을 했다. '그렇다면, 그것을 향한 첫 번째 단계는 무엇인가?' 등과 같은 식으로 베스는 첫 번째 조치를 더 작고 더 구체적인 크기로 줄여나갔다. 나는 그녀가 말하는 것을 계속 기록했다. 이는 각 목표에 대한 기록을 남기고, 그녀가 혹시 그 중의 하나를 재방문하는 경우에 대비하기 위해서였다. 드디어 나는 이런 질문을 던지게 되었다. '당신의 목표를 향해 오늘 할 수 있는 조치는 무엇일까요?' 그녀는 마침내 달성 가능한, 구체적인 목표에 초점을 맞추게 되었다. "나에겐 좀 더 강한 척추가 필요해요. 말 그대로요, 내 척추를 좀 더 강하게 만들 필요가 있어요. 때때로 잘 서지도 못할 것 같은 기분이 든다니까요!" 그녀가 분명하고도 간단한 목표를 언급하고 이해한 것은 그때가 처음이었다. 그녀는 자신의 약한 척추가 여러 분야에서 특히, 비지니스 세계에서 자신에게 불리하게 작용한다고 믿고 있었다. 이 영역을 개선시킨다면 장기적으로 그녀에게 긍정적 영향을 줄 것이었다. 그리고 이것이 바로 우리가 해나가야 할 것이었다. 그녀는 등의 근육을 강화함으로써, 척추에 대한 자신감과 아울러 자신의 몸도 더 잘 지탱할 수 있을 것이었다. 베스는 또한 규칙적인 운동 다음에 소개되는 열쇠 '움직여라'를 보도록 하라 과 신체담당 심리치료사와 상담을 하는 숙제까지 갖게 되었다. 이렇게 몇 달이 지나자, 그녀는 자신의 척추를 강화한 것이 매우 가치 있는 첫 번째 조치였다고 회상했다. 이 조치로 말미암아 구체적인 토대가 형성되면서, 더 나은 삶이라는 최종 목표를 향해 추가 조치들을 쌓아나갈 수 있게 된 것이었다.

게리의 사례

1980년대 중반, 게리는 죽어가는 아내를 도와달라고 나를 찾았다. 우리가 처음 만난 곳은 이들 부부의 집이었다. 그녀를 방문하는 동안, 나는 그가 아주 불안해하고 극도의 피곤에 지쳐있다는 것을 관찰했다. 그러나 그는 내 도움이 필요한 사람은 아내이며, 자신이 아니라고 주장했다. 그러나 그때 그가 그렇게 말하기는 했지만 몇 달 후, 그는 전화로 내게 상담을 요청해 왔다. 곧 밀어닥칠 상실감과 일상에서의 압박감을 표출하고 논의하기에 그의 집은 적당치 않다는 내 의견에 그는 동의를 했다. 그런데 문제는, 그가 내 18층 사무실에 찾아 오는데에 있었다. 그는 엘리베이터를 타는 것과 높은 곳에 대한 고소 공포증이 있었다. 내 전문적인 도움을 받기는커녕, 그는 내 사무실에 올라오는 것조차 힘들어했다.

타협책의 일환으로, 5~6 주 동안 게리와 나는 그의 아내가 잘 때 전화로 면담을 했다. 때때로 그는 심부름을 핑계로 밖으로 나와 공중전화를 이용하기도 했다. 이 때는 아직 이동전화가 나오기 전이었다 물론, 두 방안 모두 적절한 선택이 아니었기 때문에 게리는 자신의 한계에 좌절감을 느꼈다. 한 번 이상 이었던가, 그는 정말 두려움을 극복하고 싶다며 내 사무실로 오고 싶다고 말했다. 얼마간의 시간이 흐른 후, 나는 그에게 내 사무실이 있는 건물의 아래층에서 만나는 것이 어떻겠냐고 물어보았다. 약간 회의적이긴 했지만 그는 관심을 보였다. 그래서 나는 그에게 여러 시나리오를 가상해보고, 마음챙김 측정기를 이용해 첫 번째 열쇠 편을 보라 어떤 것이 마음에 편안하게 느껴지는지 체크해보라고 제안했다. 여러 개의 상황을 검토한 게리는 한 가지 가능성에 마음이 끌렸다. 내가 엘리베이터에 같이 탄다면, 커피숍이 있는 8층까지는 올라갈 수 있겠다는 것이었다. 오후 한나절에는 이 커피숍에 대개 손님이 없었다. 창가에서 멀리 떨어진 곳에 앉는다면 우리가 편하게 이야기 할 수 있겠다고 그는 생각했다. 그는 정말 이 생각을 행동으로 옮기고 싶어 했고 나도 마찬가지였다.

나의 도움을 활용하기 위해 더 나은 환경을 원하긴 했지만, 그런 특별한 고려를 필요로 한다는 것에 대해 게리는 약간의 창피함을 느꼈다. 첫날 우리는 로비에서 만나 8층까지 엘리베이터를 타고 함께 올라갔다. 그는 매우 불안해했지만, 두 번째 방문 때는 약간 덜했다. 그러나 일단 커피숍에 도착해 창문에서 떨어져 앉으면 언제나 좋았고 아무런 문제가 없었다. 우리의 대화가 들릴 정도로 옆에 가까이 와서 앉는 사람은 전혀 없었지만, 계속해서 사람들이 들어오고 나가는 소리는 이따금 방해가 됐다. 그러나 우리는 이 기회를 최대한 이용했다.

우리는 이런 식으로 5~6주 동안 만났다. 이 기간이 끝나갈 무렵, 게리는 자신을 18층으로 데려갈 수 있냐고 내게 물어왔다. 그가 원하는 것은 단지 엘리베이터를 타는 긴 여정을 시도하는 것이었고, 그런 다음 바로 내려오기를 원했다. 물론 나는 이에 동의했다. 그 다음 주에, 그는 단지 내 사무실이 어디 있는지만 알고 싶다며 사무실 안이나 창문 근처에도 안갈 것이고 사무실 현관에서 잠깐 있다 갈 수 있냐고 내게 물었다. 물론, 대환영이었다. 다음에 커피숍에서 만나 얘기하는 도중, 나는 그에게 혹시 내 사무실로 올라갈 때가 됐다고 생각하지 않는지를 물어보았다. 나는 창문의 블라인드를 모두 내리면 그 곳이 얼마나 높은지 모를 것이고 그가 감당할 수 있지 않을까하는 생각이 들었다. 그래서 다음 주에 우리는 18층까지 올라와 미리 완벽하게 블라인드가 쳐진 다소 어두운 사무실로 걸어 들어왔다.

사무실에서 몇 분간 이야기를 나누는 동안, 나는 그의 스트레스가 증가하는 것을 보았다. 게리는 자신이 점점 불안해지고 있다는 데에는 동의했지만, 굴복하고 싶어 하지 않았다. 나는 그가 그 날 매우 큰 발걸음을 내디뎠다고 확신시키면서 나머지 면담은 커피숍에서 끝내는 것이 좋겠다고 강력하게 충고를 했다. 커피숍으로 내려오자 게리는 곧 안정감을 되찾았지만, 다시 내려와야만 했다는 것에 풀이 죽어 있었다. 자신이 일보 후퇴한 것 같은 느낌이 들어서였다. 나는 그의 생각에 동의하지 않았다. 나는 그가 오로지 자신이 해내지 못한 것만 바라보고 있다며, 자신이 이룩해낸 엄청난 진전- 실제로 18층까지 올라와 내 사무실에서 한참 동안 앉아 있었던 것- 은 왜 보지 않느냐고 말했다. 나는 진심으로 그가 자랑스러웠다. 나의 관점은 그를 설득시켜 그가 대체로 성공적이었다는 사실을 받아들이게 했다. 그 다음 2~3주 동안에는 그가 내 사무실에 머무는 시간을 조금씩 늘려가면서, 면담은 언제나 커피숍에서 끝내는 식으로 진행을 했는데, 그러던 어느 날, 마침내 내 사무실에서 면담을 완전히 끝마치게 되었다. 게리는 정말 자신에 대해서 자랑스러워했다.

내 사무실의 사적인 공간에서 주기적으로 만나는 것에 우리 둘 모두는 안도감을 느꼈다. 게리는 자신의 성공에 전율했고 공개적으로 말할 수 있는 자유로움을 만끽했다. 곧, 그는 더 이상 로비에서 만나지 않아도 된다며 커피숍이 있는 8층에서 만나자고 제안했다. 2주가 지나자, 그는 혼자서 내 사무실로 올라왔다. 그 뒤 2~3 주 정도 지났는데 이야기하는 도중에 갑자기 일어나서 블라인드가 쳐진 창가로 걸어가더니 밖을 훔쳐보는 것이었다. 단지 한 번에 불과했지만 그는 이 행동을 완전히 혼자서 해냈다. 그 후 우리가 만날 때 마다, 그는 블라인드를 열고 점점 더 오랫동안 창밖을 내다보기 시작했다. 어느 날, 그는 블라인드를 열어놓은 상태로 의자에 돌아와 앉아 나를 깜짝 놀라게 만들었다. 원래의 치료 목적은 아니었지만 게리는 고소공포증을 극복해 내었다. 성공의 열쇠는 분명히 크기를 조절하는데 있었다. 그렇게 함으로써 그는 하나씩 차근차근 쌓아가며, 각 단계를 감당할 수 있었다. 이 성공은 곧 닥쳐올 아내의 죽음에 대비하게 만들었고, 그의 삶에도 커다란 변화를 가져왔다. "고소공포증도 극복했는데, 세상에 무서운 건 아무것도 없습니다!" 그는 용감하게 단언을 했다. 물론 앞으로도 어려운 시간들이 많겠지만, 성취감이 삶에 대한 탄력성을 증가시킬 것이라는 그의 말은 옳았다.

준비가 안됐음에도 불구하고, 만약에 게리가 억지로 자신을 밀어붙여 내 사무실로 올라 왔더라면 결과가 어땠을지 한번 상상을 해보라. 아마도 그는 공황이나 불안의 습격을 받았을 것이고, 낙담에 찬 나머지 두 번 다시 시도할 엄두를 내지 못했을 것이다. 감당할만한 조치와 타협함으로써, 그는 두 가지 공포증을 극복해 내었다. 즉, 엘리베이터와 고소공포증이다. 이 시절 그의 나이가 70대였고, 삶의 대부분의 기간을 그가 이 공포증에 시달려왔다는 것을 감안한다면, 그의 승리는 엄청난 것이었다. 더 작은 단계로 나누었던 것이 그의 공포를 극복하게 했던 것이다.

자신에게 적용하기

당신이 지금 목표에 도달하는데 어려움을 겪고 있다면, 한 번에 '새' 한 마리씩만 잡으라. 각 단계를 더 작은 단계로 나누어라. 그리고 목표는 구체적일 수록 더 좋다. 너무 사소한 것부터 시작하는 것은 아닌가 걱정은 하지 말라. 가장 쉬운 단계부터 시도하라. 그리고 기억하라, 당신 뒤에는 이솝우화 '토끼와 거북이', 앤 라모트의 '새 한 마리씩', 그리고 상식의 풍요함이 든든하게 진을 치고 있다.

이 열쇠를 사용하지 못하는 유일한 거부감은, 이것이 말이 되지 않는 것은 아닐까 하는 의구심일 것이다. 그러나 일리가 있고 당신이 실행해보고 싶은 것들 조차도 때로는 친구나 가족, 또는 전문가들의 반대에 봉착을 하기 마련이다. 오래전, 나의 심리치료사는 내가 치유과정을 늦추고 있다고 경고했다. 솔직히 나는 그의 태도에 위협을 느꼈고 간담이 서늘해졌다. 당시에 나는 '밀어붙이는 것' 이야말로 나의 치유를 막는 가장 큰 문제라고 생각하고 있었다. 심리치료사의 의견에 대항하는 것은 몹시 힘들었지만 나는 고집을 부렸고, 내 의견을 주장하면서 결과에 내가 책임을 지겠다고 그에게 말했다. "설사 시간이 더 걸리고 비용이 더 든다 하더라도 나는 그렇게 하겠어요." 그러나 나는 정말, 천천히 진행하면서 내가 통제권을 더 많이 가지면 가질수록 장기적으로는 그것이 가장 빠른 길임을 확신하고 있었다. 당신 자신의 판단과 상식을 제외하고는 정말 측정할 방법이 없는 것이 이 분야이다. 나는 더 느린 길을 택했고 그것이 내게 성공을 가져다주었다. 만약 내가 심리치료사의 압력에 굴복했더라면 무슨 일이 일어났을까? 좋은 결과가 나왔을 수도 있다. 그러나 당시에, 그리고 지금 돌이켜봐도 여전히, 그가 옹호했던 속도는 잘못된 것처럼 보였고 나는 그렇게 느꼈다. 나만의 속도를 유지하겠다고 주장했던 것을 나는 한 번도 후회한 적이 없다.

실전연습 1

각 단계를 더 작은 단계로 줄이는 연습을 하라.

일상생활에서 매일 벌어지는 것을 고르라. 설거지하기, 세탁, 요리 등의 각 임무를 적고 다시 그것과 관련된 것들을 작은 단계로 나누어라. 여기에 항목을 검토하고, 더 줄일 것은 없는지 체크를 하라. 지루해보일지 모르나, 좀 더 중대한 것으로 진행하기 전에 치유과정을 촉진시키는 것이 될 것이다. 또한 어떤 임무도 더 작은 단계로 쪼갤 수 있다는 아이디어를 강화시켜줄 것이다.

실전연습 2

한 번에 새 한 마리씩.

트라우마 치유를 위한 목표 항목을 만들라. 동시에 여태까지 시도해온 것에 ∨표시를 하라. 그런 다음에는 되돌아가서 각 항목의 우선순위 1,2,3등과 같은를 매기는데, 특히 다른 항목의 전제 조건이 되는 항목에 주의를 기울여라. 그런 다음 우선순위에 따라 항목을 다시 나열하라. 맨 처음 주의를 끄는 것을 맨 위에 놓고, 덜 급하거나 나중에 다시 돌아볼 필요가 있는 것들은 밑으로 놓으라. 자, 이제 첫 번째 항목부터 시작해, 어떻게 하면 더 작은 사이즈로 줄여서 공략할 수 있는지 전략을 짜보라.

실전연습 3

목표를 한 단계씩 낮추라.

- 위에서 정한 목표 중에 한 개를 선택한다.
- 종이에다가 이 목표를 성취하려면 어떤 수순을 밟으면 좋을지 떠오르는 것들을 나열한다. 각 단계 마다 더 채워 넣을 수 있도록 빈 공간을 남긴다.

- 당신이 할 수 있거나, 이미 시도했던 단계를 강조한다.
- 아직 시도해보지 못한 단계를 하나 골라 여기에 집중한다. 그런 다음 이 단계를 성취하려면, 하위 단계로 먼저 무엇을 하면 좋을지 열거해본다.
- 오늘 할 수 있는 것이 나올 때까지 위에서 예로 든 베스의 경우처럼 계속 줄여나간다.

실전연습 4

당신을 긴장시키는 임무는 당분간 미루거나 딴 것으로 대체를 하라.

로사의 경우처럼, 극도의 스트레스를 유발시킴에도 불구하고 일상생활에서 정기적으로 꼭 해야만 하는 그런 것이 있는가? 만일 그렇다면 그것을 잠시 멈추는 것이 가능 한가 체크해보라. 예를 들면, 당신은 직장에 갈 때 지하철을 타는 게 두려운가? 아마도 당신은 단기간 동안 걷거나, 버스를 타거나, 택시를 탈 수도 있을 것이다. 조금 시간이 더 걸릴지는 모르지만 적어도 실험해 볼 가치는 있으며, 최소한 다른 대안이 있다는 것을 알게 된다.

만일 당신을 괴롭히는 것이 도저히 피할 수 없는 것이라면 예를 들면 수면 같은 것 스트레스를 줄이는 쪽으로 문제에 도전할 수 있다. 수면 얘기를 계속 해보자. 당신을 공포에 짓눌리게 하는 원인이 무엇인지 찾아낸다면, 여기에 개입할 수 있는 단서를 잡을 수 있다. 만일 어둠 때문에 두려운 것이라면 불을 켜고 자면 변화를 가져올 수 있다. 침실이 문제라면, 한동안 거실에서 지내거나, 긴 의자에서 잘 수도 있다. 중요한 것은 그 어떤 것이든 스트레스 증상을 포함한 여러 상황에 대해서 당신이 통제권을 쥐고 있는 것 같은 기분이 느껴지도록 변화를 주는 것이다.

여섯 번째 열쇠에 대한 평가

더 작은 조치들로 나눈다는 원칙이 당신에게 얼마나 적절한가? 나의 제안들 중 어떤 것이 당신의 마음을 끌고 어떤 것이 그렇지 않은가? 당신에게 유용해보이지 않는 생각이나 연습을 어떻게 하면 당신에게 유용한 것으로 바꿀 수 있을까? 어떤 연습을 시도하면 좋을지 결정하는데, 마음챙김 측정기를 사용해 보았는가? 만약 사용해보지 않았다면, 이번 기회야말로 측정기의 유용함을 확인하기 위해, 첫 번째 열쇠 편을 검토해보는 좋은 기회일 것이다.

여섯 번째 열쇠를 어떻게 사용할 것인가 혹은 사용하지 않을 것인가를 계획하라

더 작은 단계로 나누는 것이 어떤 영역에서 당신에게 맞을까? 단계의 크기를 줄일 필요가 있는지 어떻게 하면 구별을 할 수가 있을까? 만일 당신이 감당하기 힘든 양을 시작했다면, 무엇이 당신에게 신호를 보낼 것인가? 너무 과한 조치를 예측하는데 마음챙김 측정기를 사용할 수 있을까? 목표를 적고 각 조치에 대해 미리 예측함으로써 계획을 세우라. 그 다음 각각의 단계에 대한 하위 조치를 확인해나가라.

일곱 번째 열쇠

➔움직여라!

만일 내가 자네라면, 내 생각이 정확히 틀린 경우를 대비해서 일단 게으름은 피하고 보겠네.

– 1842년 2월 13일, 아브라함 링컨이 친구 조슈아 스피드에게 보내는 편지 중에서

움직이는 것은 개인의 신체적, 정서적, 정신적 상태의 변화를 만들어내는 약이다. *– 캐롤 웰치*

소방관, 경찰, 그리고 군대와 같은 곳에서 벌어지는 일들은 스트레스와 트라우마를 일으킬 가능성이 높은 건들로 구성이 되어있다. 그리고 이러한 곳에서 평소에 운동과 건강을 유지하는 일이 끈질긴 스트레스와 업무의 긴장감에 대응하는데 필수적임을 또한 알고 있다. 나는 산타모니카 해변을

산책하러 나갈 때 종종 이 점을 상기하곤 하는데, 그럴 때면 나는 그곳에서 일하는 그들의 노고에 감사함을 느끼기도 한다. 또한, 그 해변에서는 지역 소방서에서 파견된 대원들이 조깅을 하곤 하는데, 이들은 보기에도 좋을 뿐 아니라 심지어 마음에 감동을 주기도 한다. 아울러, 이곳에서 일하는 전문가들은 트라우마로 인한 스트레스의 영향을 어떻게 관리해야 하는지 우리에게 많은 것들을 시사해준다. 이들의 경험담은 당신에게도 유용할 것이다. 요컨대, 신중하게 선택된 신체적 활동은 트라우마 치유에 의미 있는 기여를 한다는 사실이다.

점점 더 신체적 활동을 기피하는 서구 문명의 동향을 나타내는 말 중에 '좌식 생활양식' 이라는 표현이 있다. 즉, 현대인들을 하루 종일 앉아 지낸다는 것이다. 증가 추세에 있는 비만과 심장병, 그리고 종종 예방 가능한 기타 질병의 원인으로 지적되는 이 생활양식은, 이제 일반적인 문제로 자리 잡은 듯 보인다. 신체 건강을 위한 운동의 혜택에 대해선 이미 광범위하게 연구가 진행되어 왔다. 우울증 감소에 운동을 적용한 결과, 거기에서 입은 혜택에 대해선 더 말할 나위가 없다. 아울러 아직 충분히 연구되지는 않았지만, 이에 못지않게 중요한 것은 트라우마와 외상후스트레스장애(PTSD)와 관련된 증상을 경감시키는 운동과 신체적 활동의 잠재력이다. 나와 함께 작업한 거의 모든 사람이 운동의 혜택을 받았지만, 그들이 처음부터 좋아서 운동을 시작한 것은 아니었다.

제일 먼저 생각나는 사람은 잭이다. 내가 처음 그를 만났을 때 그는 대학을 졸업한지 얼마 되지 않았었다. 몸이 마르고 약했던 그는 어린 시절의 고통으로부터 아직 헤어나지 못하고 있었다. 그의 제일 큰 상처는 엄마의 정기적인 폭발과 그와 함께 가해지는 신체 학대, 그리고 학교 급우들의 괴롭힘이었다. 20대 초반 때, 그는 매일 매일의 삶을 영위하는 것조차 힘들어했다. 운 좋게도 안정적인 수입과 규칙적인 생활을 보장하는 직업을 힘들이지 않고 잡을 수 있었다. 그는 어쩌면 내가 순식간에 그의 병을 치료하고 그의 삶을 제대로 되돌려놓을지도 모른다는 커다란 희망을 품고 나를 찾아왔다.

잭을 만났을 때 내가 가장 놀란 것은 그가 너무나 신체적으로 약하다는 것이었다. 그는 창백하고 구부정했을 뿐만 아니라, 그의 몸 어디에도 근육 비슷한 것도 보이지 않았다. 마치 옷이 뼈에 걸쳐서 있는 것 같았다. 트라우마 치료의 요구는 차치하고서라도, 삶의 혹독함을 그가 어떻게 지탱해 나가는지 나는 몹시 의아스러웠다. 나는 그의 정서적 문제와 함께 그가 운동체제로 돌입할 것을 강력히 제안했다. 특히, 근력 운동을 통해 근육의 탄력성이 강화된다면, 신체뿐만 아니라 정신적으로도 강하게 될 것이라고 말했다. 그가 젊다는 사실은 커다란 이점으로 작용해 그가 열정적으로 운동에 몰입함으로써 치유에의 길을 열게 되었다. 처음에는 약간 회의적이기도 했으나, 그는 곧 물을 만난 고기처럼 운동을 즐기기 시작했다. 그것이 하도 자연스러워 보여서 나는 왜 그가, 혹은 그와 가까운 사람들이 운동에 대해 전혀 생각해보지 않았는지 궁금할 정도였다. 그는 역기 드는 것을 아주 좋아했는데, 신체 단련을 하면서 매주 시간이 흐를 때마다 거울을 통해 보이는 성공의 증거에 경탄해마지 않았다. 근육이 점점 발달하면서 심리적 상태도 호전되기 시작했고, 그의 용기 또한 성장을 했다. 어느 날 그는 자신이 이제 에너지가 훨씬 더 많아져서, 더 높은 임금을 주며 도전적인 직업을 찾았다고 말하여 나를 깜짝 놀라게 했다. 그는 아주 자랑스럽게 얼마 되지 않는 자신의 상담비용을 내가 올려 받아야 한다고 고집을 부리기도 했다.

이 모든 것이 마치 기적처럼 들릴지 모르나, 잭의 입장에서 보자면 그리 쉽게 이루어진 것은 아니었다. 자신이 고안한 운동 프로그램에 맞추기 위해 그는 삶을 재정비해야 했다. 이는 밤에 텔레비전 보는 시간을 줄여야 한다는 것을 의미했고, 따라서 일찍 자고 일찍 일어날 수 있었다. 체육관 트레이너는 음식의 영양에 대해서도 그를 지도해 주었다. 잭은 신체적 개선을 그의 삶의 주요 프로젝트로 삼았던 것이다.

물론 신체적 상태의 호전이 어린 시절의 문제를 해결한 것은 결코 아니었다. 그러나 현재 삶이 향상되자 그들과의 관계가 변했다. 현재의 삶이 우선순위가 되면서 당시의 느낌은 무뎌졌다. 약 일 년 반이 지난 후, 그는 어릴 때 자신이 겪은 것에 대해서 이야기하고 싶다고 결심하게 됐다. 이 무렵에 신체적으로나 정서적으로 그가 매우 안정적이었기 때문에 세 번째 열쇠에 나오는 1단계를 보라 나는 아주 기꺼운 마음으로 그 길에 동행했다. 2단계

이 책을 읽는 독자들 대부분이 잭이 했던 정도의 바디빌딩을 할 필요는 없을 것이다. 하지만 움직이기만 한다면 당신은 뭔가 유용한 것을 얻을 수 있다. 단지 당신의 신체적 능력과 한계 그리고 정서적 요구에 맞게 운동과 활동 계획을 짜야 한다는 점을 잊지 말라.

실질적인 문제

운동과 신체단련과 같은 '움직이기'를 트라우마의 안전한 치유에 적용하면, 적어도 세 가지의 잠재적 이익을 예상할 수 있다.

1. 끈질긴 얼어붙기 반응의 해독제 역할을 한다.
2. 증가된 근육의 탄력성은 자제심과 자기통제력을 향상시킨다.
3. 스트레스 호르몬의 형성을 소멸시키고, 진행 중인 스트레스의 정도를 조절하도록 돕는다.

지속되는 얼어붙기 반응의 해독제

사람들은 종종 트라우마 후유증에서 꼼짝 하지 못한다. 전에 논의했듯이, 그들은 종종 과거에 갇혀 있고, 게다가 몸에 병적으로 집착하는 경우도 있다. 외상 후 스트레스의 증상은 매우 불유쾌한 경향을 보이며 심지어 마비 증상을 보이기도 한다. 트라우마의 후유증으로 말미암아 위축되기 쉬운데, 이는 활동의 양과 범위가 줄어드는 것을 의미한다. 일하러 나가는 것도 힘들뿐더러 더 나아가 아침에 일어나는 것조차 힘이 들 수 있다. 물론 신체적 부상이 포함된 경우라면 반드시 그것부터 처리해야 하지만, 지속적으로 나타나는 장애가 주로 심리적인 것일 때도 외상후스트레스장애(PTSD)의 기준에서 보는 바와 같이, 신체적 증상 역시 많이 나타남을 알 수가 있다. 몸을 움직이게 되면, 활발하면서도 비언어적인 메시지를 통하여 얼어붙기 반응이 끝났다는 사실을 몸과 마음에 전달함으로써, 에필로그두 번째 열쇠 편을 보라를 강화시킬 수 있다.

케이트의 사례

강도가 한밤중에 케이트의 집에 침입 했을 때, 그녀의 남편은 조용히 경찰에 전화로 신고하면서, 강도와 맞서기 위해 야구 방망이를 들고 아래층으로 살금살금 내려갔다. 케이트는 무슨 일이 일어나고 있는지 알았지만, 두려움에 얼어붙었고 사건의 처음부터 끝까지 침대에서 움직일 수 없었다. 그녀는 남편이 강도와 맞서지 못하도록 저지하고 싶었으나, 움직이거나 소리조차 낼 수 없었다. 다행히 경찰이 빨리 도착했고 아무도 다친 사람은 없었다. 강도들은 체포됐다. 하지만 2년이 지난 후, 케이트는 집에만 있으려 했고 밖에 나가는 것을 두려워했다. 그녀가 견딜 수 있는 유일한 여행은 재빠르게 장을 보는 것과 짧은 심부름 정도였다. 강도당한 날 밤에 겪었던 마비의 만성적 후유증으로 그녀의 몸은 점점 굳어져갔다. 그녀의 남편은 아내가 걱정이 되면서도 짜증이 났다.

케이트는 내 사무실로 오고 싶어 하지 않았다. 그래서 나는 처음에 그녀의 집으로 찾아갔다. 우리는 다양한 전략을 함께 실험했는데 그 중 많은 것들이 효과가 있었다. 그러나 가장 효과가 있었던 것은 다름이 아닌 단순한 신체 운동이었다. 물론 그녀는 동네 체육관에 가려고 하지 않았지만 집에서는 기꺼이 운동량을 증가시켰다. 트레드밀treadmill을 사서 매일 걷기 시작했고, 2~3개월이 지나자 5~ 6마일 정도를 걷기에 이르렀다. 그리고 그녀는 스트레칭과 팔굽혀 펴기를 포함해서 다른 운동도 점차 추가하기 시작했다.

운동은 그녀가 통제감을 다시 느끼도록 도와주었고, 정원을 관리하는데도 관심을 갖게 했다. 대부분의 시간들을 흙과 식물과 함께 보내는 동안, 그녀는 엄청나게 고무 되었다. 정원가꾸기가 많은 사람들에게 얼마나 좋은 치료법이 될 수 있는지 그녀는 내게 상기시켜주었다. 그녀는 강도에 관한 악몽에 계속적으로 시달리곤 했는데, 어느 날 밤, 자신의 꿈이 뭔가 바뀌었다는 사실을 발견했다. 보통 침대에서 꼼짝도 못하고 얼어붙곤 했던 꿈 대신, 손에 삽을 들고 계단에 서있는 자신을 발견한 것이었다. 그리고 그 꿈속에서 강도 중에 한 명이 가까이 다가오자, 그녀는 삽으로 그를 내리쳤다. 2년 만에 처음으로 그녀는 얼굴에 웃음을 띠며 일어났다.

강도를 당한 트라우마를 해결하고 원래의 삶으로 되돌아가려면 아직도 시간이 필요했지만, 그녀는 큰 도약을 했다. 만성적인 얼어붙기가 깨짐으로써 그녀의 깊은 곳에서 무언가가 변화되었고, 여기에는 운동과 정원 가꾸기 둘 다 큰 몫을 했던 것이다. 2~3개월 후, 자신감과 안전감을 높이기 위해 그녀는 자기방어 수업을 듣기로 결정했다. 다시는 그런 일이 없기를 바라지만, 혹시라도 그녀가 다시 강도를 만난다면, 그녀의 꿈처럼 정말 삽으로 강도를 내리칠 수 있게 되기를 그녀는 원했다.

근육의 긴장감을 높여 자가 통제력과 규제력을 향상시키기

근육의 긴장감은 과소평가된 협력자이다. 이완도 때로는 소중하나, 근육의 긴장 없이 우리는 서있거나 걷거나 앉을 수도 없고, 책을 손에 쥘 수도 없다. 긴장은 우리가 일상의 임무를 완수하도록 돕는 것이다. 즉, 긴장이 없다면 우리는 움직일 수가 없다. 물론, 긴장감 중에는 유쾌하지도 않고 심지어는 곤경을 유발하는 것들도 있다. 다시 말해서, 극도의 긴장감이나 특히 만성적인 긴장감은 도움이 된다고 말할 수 없다는 뜻이다. 트라우마 치유에 가장 도움이 되는 것은 이완일 것이라고 사람들은 추측하지만, 이완 상태에서 잘 낫지 않는 사람들도 상당수 있다. 긴장이 풀리면, 실제 사람들은 더 불안해하거나 심지어 공황을 겪기도 한다.

위의 잭과 케이트는 이런 문제점을 정확히 보여주는 좋은 예이다. 내가 처음 그들을 만났을 때, 둘 다 자신의 불안을 통제 못하고 있었다. 잭은 긴장을 푸는 CD를 들어봤었고, 케이트는 혁신적 이완을 시도하고 있었다. 그러나 둘 다 느슨해지는 것으로부터 아무런 도움도 받지 못했다. 사실, 케이트의 증상은 이완 접근법을 연습하면서 더 악화됐다. 두 사람에게 변화를 가져다 준 것은 근육의 탄력성과 긴장감을 강화한 것이었다. 신체적으로 강해졌을 때, 정서적으로도 더 강해진 것이다.

스트레스 호르몬이 쌓이는 것을 없애고, 스트레스 수준을 조절하기

스포츠와 유산소 운동은 노여움을 발산하는데 도움이 된다. 노여움이 분출되면서 스트레스 호르몬도 소멸한다. 이것이 바로 위에서 언급한 스트레스 받는 직업을 가진 사람들이 달리고, 축구하고, 활기차게 운동하는 이유이다. 점점 더 많은 연구조사가 스트레스를 줄이는데 운동이 효과가 있다는 것을 계속 입증하고 있다. 몇 가지의 활동을 통해 이런 효과가 발생되는데, 그 중의 하나는 우리를 기분 좋게 만드는 뇌의 화학물질인 엔돌핀의 증가이다. 또 하나는 만성적 아드레날린이 감소하는 것인데, 운동이 그것을 써버리기 때문이다.

그러나, 여기서 주의해야 할 점은, 트라우마 생존자들 모두 힘든 운동으로부터 이득을 보는 건 아니라는 점이다. 최소한 초기 단계에는 낮은 강도의 운동부터 시작하는 것이 좋다. 트라우마의 스트레스 반응 중에는 심장 박동과 호흡을 증가시키는 것도 있기 때문에, 이와 유사한 운동이 일부 사람들에게 플래시백을 유발할 수도 있다. 당연히 이런 것은 도움이 되지 않는다. 이런 사람들에겐 맥박이나 호흡을 증가시키지 않는 운동부터 시작하는 것이 더 좋은 전략이다. 느리면서도 목적이 뚜렷한 웨이트 트레이닝이나, 우유 통 같은 가벼운 무게를 드는 것으로부터 시작을 한다면 좋은 출발점이 될 수 있다. 이 원칙을 설명하기 위해 아래에 저자의 이야기를 소개한다.

가장 중요한 것은 당신의 상태를 개선시키는 운동을 찾는 것이다. 상식과 더불어 마음챙김 측정기를 사용한다면, 당신의 몸과 정신 그리고 상황에 알맞은 최선의 것을 발견하도록 도울 것이다.

나의 사례

나의 외상후스트레스장애(PTSD)는 어린 시절에 발생했던 몇 개의 사건에 뿌리를 두고 있었다. 10대와 대학시절까지만 해도 이 사건들이 앞으로 미칠 충격에 대해서 전혀 예상하지 못했었다. 그리 심하지 않은 스트레스와 불안감을 몇 차례 겪었고, 그 중에는 고등학교 시절의 불면증도 포함되어 있었지만, 대부분의 시간 동안 나의 삶은 순조롭고 평탄하게 나아갔다. 그러나 30대 초반에 이르러, 공황 발작이 심해지면서 문제가 커지기 시작했다. 내 문제는 80년대 초반에 절정에 달했는데, 이 당시에는 외상후스트레스장애(PTSD)에 대해 거의 알려진 바가 없었고, 진단을 받는 것조차도 희귀했다. 당시 내가 도움을 청한 심리치료사들은 외상후스트레스장애(PTSD)에 대해 들어본 적이 없었고, 나도 마찬가지였다. 내 감정과 일상을 다루는데 내가 왜 그렇게 힘들어 하는지 아무도 이해하지 못했다. 불안과 공황발작이 정기적으로 발생하면서 나는 점점 힘이 들었고, 나의 삶은 점점 더 제한되기 시작했다. 곧 이어 광장공포증까지 첨부가 되었다. 나는 그렇게 집 근처에만 머무는 사람이 아니었지만, 나의 생활 반경은 점점 더 제한되기 시작했다. 심지어 식료품점에 가는 것조차 정서적 도전으로 느껴졌다. 외상후스트레스장애(PTSD)의 전형적 증상이 그렇듯이, 나는 나의 정신과 육체 그리고 삶에 대한 통제력을 잃어가고 있다고 느꼈다. 나의 정서적, 심리적 체계가 무너지기까지에는 많은 요소들이 관련되어 있었다. 나 자신으로 완전히 돌아오기까지에는 최소한 6~7 년의 세월이 걸렸고, 수많은 다양한 전략을 사용해야 했다. 언젠가 회고록 형태로 나의 전체 경험에 대해 쓸 날이 오겠지만, 이 장에서는 초기 트라우마로부터 나를 움직이게 만들었고, 그 후로도 계속 그 움직임을 유지하게 만든 운동의 중심적 역할에만 초점을 맞출 것이다.

이론의 적용

몸이 움직일 때에, 우리는 트라우마 치유에 필요한 최소한 두 가지의 중요한 목표를 성취 하게 된다. 이는 우리 몸에 계속 머물러있는 얼어붙기 반응에 대응하는 것이고, 스트레스 반응을 억제하는 육체의 능력을 증가시키는 것이다. 이 중요한 개입에 깔려있는 이론을 들여다본다.

얼어붙기에 대응하기

종종 목숨을 구해주는 다섯 번째 열쇠편의 5A, '당신의 한계를 용서하라' 를 보라 얼어붙기 반응은 여러 가지 후유증을 낳는다. 사실, 트라우마적 사건이 일어나는 동안에, 얼어붙기를 포함한 해리적 반응을 보이는 사람들은 장차 외상후스트레스장애(PTSD) 의 후유증이 예견된다고 본다. 다시 말해서, 싸우거나 달아나기보다 얼어붙는 사람들은 장기적으로 볼 때 문제를 가지게 될 가능성이 가장 크다. 그러므로 만일 당신이 외상후스트레스장애(PTSD)를 갖고 있다면, 하나나 그 이상의 트라우마 사건에서 얼어붙기 반응을 보였을 가능성이 크다.

얼어붙기 반응은 트라우마가 끝난 후에도 플래시백을 통해 계속 촉발이 된다. 내부 혹은 외부환경의 무언가가 편도체로 하여금 트라우마를 상기시키면서 반응이 고착화되는 식이다. 이런 습관적 마비에 정면 대응하는 전략은 얼어붙을 때마다 아주 약간씩이더라도 자신을 움직일 수 있도록 훈련을 시키는 것이다. 일어선다거나, 몇 걸음 걷는다거나, 또는 손가락이나 팔을 약간 들어 올리는 것과 같은 아주 단순한 동작은 얼어붙기의 '주문'을 깨드릴 수가 있다. 얼어붙기 반응을 보이는 사람들과 작업을 할 때 나는 그들에게 손가락을 흔들거나 심지어는 시계를 쳐다보라는 부탁까지 하는데, 이는 그들을 조금이라도 움직이게 하려는 의도에서이다. 그리고 그런 사소한 개입은 당신이 지금 손가락을 움직이고 있으므로 트라우마는 사실상 끝났다는 강력한 메시지를 편도체에 전달하는 역할을 한다.

몸의 규제력

근육이완 예, 마사지, 요가, 스트레칭, 부드러운 기구를 통한은 스트레스로 지친 사람들이 자주 찾는 목표이다. 물론 그것은 많은 이들에게 이상적일 수 있다. 그러나 트라우마 스트레스로 고통을 겪는 상당수의 사람들에게 근육이완의 가치는 매우 과대평가가 되었고, 심지어 오도될 여지마저 있다. 지금 이 글을 읽는 독자들 중 많은 사람들은, 근육이 이완되면 될수록 더 불안해진다는 사실을 아마도 벌써 발견했을 이들도 있을 것이다. 그리고 그런 자신이 잘못됐다는 생각에 어쩌면 타인들에게 말도 하지 못했을 것이다. 이런 반응이 외상후스트레스장애(PTSD)와 불안, 공황발작으로 고통을 겪는 사람들에게 흔한 것임을 안다면, 당신은 안도의 한숨을 내쉴 것이다. 일반 인구의 4%가 휴식을 시도할 때 오히려 더 불안해진다고 조사되지만, 이 수치에 비례하는 외상후스트레스장애(PTSD)를 가진 사람들의 정확한 숫자는 헤아리기가 어려운 실정이다.

이 예기치 않은 현상은 성가시게도 특히, 잠잘 때를 예로 들 수 있다. 흔한 한 '시나리오'의 예를 들자면, 피곤에 찌든 한 트라우마 생존자가 침대에 누워 잠을 청한다. 그녀, 혹은 그는 자신의 육체를 훑고 지나가는 불안한 에너지에 멍해져 있다. 무슨 일이 일어난 것일까? 그녀가 잠자리에 들 준비를 끝내고 휴식을 취하며 잠이 드는 순간에 육체가 심하게 동요하면서 불편함이 몰아 닥쳤다. 갑자기 정신이 말똥말똥해지면서 희망은 사라져버렸다. 불면증의 악순환이 시작된 것이다. 따라서 이런 트라우마에 의한 불면증 환자들의 경우, 잠자기 전에 딱 잠이 들 정도로만 근육 긴장을 해주면 스트레스가 호전이 된다.

근육의 탄력성이 증가할 때, 외상후스트레스장애(PTSD)가 왜 호전되는지 확실히 아는 사람은 아무도 없지만, 그러나 추측은 가능하다. 예를 들어 어느 부위의 근력을 향상시키느냐에 따라 혜택이 달리 나타난다. 다리, 발, 등의 긴장을 증가시키면 몸을 똑바로 지탱하는 능력과 균형감이 향상이 되고, 가슴과 등 부위의 근력은 당신과 타인사이에 갑옷을 입은 것처럼 더 많은 보호감을 느끼게 해준다.

특히 감정적으로 부서질 것처럼 연약했던 나의 덴마크인 내담자 티나는 전통적으로 함께 모여 점심 뷔페를 먹는 가족 모임을 힘들어했다. 식사룸room과 다른 사람들을 등지고 음식들이 차려진 테이블 근처에 갈 때마다 너무 긴장해서 접시를 채울 수가 없었고, 사람들이 모인 장소에서는 음식도 거의 먹을 수가 없었다. 더 큰 문제는 정서적으로 불편해지는 것이었다. 그녀는 모임에 가는 것을 완전히 포기할까도 심각히 고려해 보았다.

마음챙김 측정기로 이 시나리오를 검토해본 티나는, 가족을 등지고서 있는 것이 그토록 불편한 이유는 다름 아닌 극도의 정서적 취약감 때문이라는 것을 알아내었다. 그녀와 나는 둘 다 그런 문제를 취급한 적이 없었기 때문에, 일단 무엇이든 도움이 될 만한 것을 시도해보기로 했다. 시행착오를 통해 우리가 깨달은 것은, 그녀가 두 어깨 사이를 밀면서 양 어깨 사이의 공간을 긴장시키면 그 취약감이 줄어든다는 것이었다. 그러나 그녀는 어깨를 뒤로 젖히면 가슴이 너무 노출되지나 않을까 걱정을 했다. 더 많은 실험을 한 결과로 발견한 자세는, 어깨 죽지가 뒤로 젖혀지면서 어깨 위쪽 가장자리는 앞 쪽 아래로 쏠리는 다소 어색한 포즈였다. 우리는 약간 이상하다는 것을 인정하지 않을 수 없었다. 그러나 효과는 있었다. 이런 자세를 취하면서, 그녀는 마치 갑옷을 입은 것처럼 보호되는 느낌을 받았다. 만약 이런 자세를 유지한다면 먹는 것도 쉬워질 것 같았다. 나는 그녀에게 연습을 많이 할수록 자세를 유지하는데 필요한 긴장감은 줄어들고 수월해지면서 그 효과는 더 절묘해질 것이라고 말했다.

2~3주가 지나자, 그녀는 거의 자동적으로 그 자세를 취하게 되었다. 다음번 가족 모임이 있었을 때 그녀는 별 정서적 어려움 없이 접시에 음식을 담을 수 있었다. 비록 자신의 움직임이 아직도 약간 뻣뻣하다고 느꼈지만, 실험은 성공적이었다.

근육의 긴장이 왜 정서적 억제를 돕는가에 대한 나의 가설을 플라스틱 병에 담긴 소다수를 예로 들어 설명해보겠다. 소다수는 탄력적인 플라스틱 용기의 압력을 받고 있다. 이는 외상후스트레스장애(PTSD)가 있는 사람의 몸과 근육조직 안에 있는 압력의 종류와 다소 유사하다. 만약 병이 너무 부드러우면, 압력을 받는 폭발성 내용물이 잘 담겨지지 않을 것이다. 사방으로 샐지도 모른다. 나는 트라우마로 압박받는 사람들에게서 같은 현상을 본다. 트라우마적 스트레스의 압박을 견제하고 감당할만한 것으로 만들려면, 그들의 용기 또한 플라스틱 병처럼 단단하면서도 탄력적일 필요가 있다. 근육의 탄력성은 견고함을 증가시킨다.

일곱 번째 열쇠의 발견

나는 자신이 매우 연약하다고 느꼈기 때문에 어떤 운동이든 유산소화를 피하려면, 단순하고, 쉽고, 느리게 시작해서 끝나야 한다고 생각했다. 심장 박동의 증가 없이, 그저 몸만 만들면 된다는 생각을 했던 것이다. 게다가 체육관에 가는 것은 너무나 어려운 도전이었기에, 집에서 운동을 해야 했다. 그리고 여기에서 성공을 거두려면, 당시 연약했던 내 정신에 안전한 것을 택해야 했다.

나는 두 가지에 투자를 했는데, 그것은 한 묶음의 종이 그래프와 한 세트의 싸구려 아령이었다. 프로그램을 짜는데 종이 그래프를 이용하여 그 왼편 아래쪽에 스타트 운동을 적어 넣었다. 즉, 이두박근 만들기, 옆으로 다리 올리기, 뒤로 다리 올리기, 벽 푸시 업, 그리고 역기 들어올리기였다. 모눈종이 한 칸마다 내가 매일 '운동'을 하는 기록을 채워나갔다. 나는 주당 3일로 시작을 했었는데, 그렇게 내가 한 운동을 모눈종이에 표시를 했다. 첫날에는 각각의 운동을 겨우 세 번씩 밖에 하지 못했다. 이두박근 세 번 올리기, 양 쪽다리 각각 세 번 들어올리기, 벽 푸시 업 세 번등이 여기에 해당되었다. 맥박이 빨라 질까봐 너무나 두렵기 했었다. 하지만, 나는 첫날 그 운동들을 성공적으로 해냈고 모눈종이에 반복 횟수를 기록했다. 뭔가 활동적인 것을 했다는데 안도감을 느꼈다. 이틀 뒤에 다시, 나는 각각의 운동을 네 번씩 반복을 했다. 운동을 하는 날마다, 예전의 횟수에 한번을 더 해갔다. 어떻게 보면 정말 안쓰러울 정도로 적은 횟수였고 너무나 느려도 보였다. 그러나 무언가를 하고 있다는 것이 중요했다. 그런데, 몸을 움직이고 있는데도 공황이 일어나지 않고 있었다. 오히려 정반대로 스트레스가 줄었고, 운동이 끝나면 즉시 호흡하기가 쉬워진다는 사실을 재빨리 발견했다. 그리고 점차, 집에 있거나 나갈 때 그 안정감이 약간씩 개선되기 시작했다. 한편, 이 글을 읽는 독자들이 오해하지는 말았으면 하는 것은 재빨리 일어나는 기적적 치유란 없다는 사실이다. 정확히 기억나진 않지만, 내가 정상적인 활동으로 복귀하기까지 거의 일 년이 걸렸던 것 같다. 하지만 그 훨씬 전에, 나는 근육을 만들고 이용하는 것이 느려보일지는 모르나 효과가 있다는 사실을 이미 파악했던 것이다.

그 때 이후로 운동은 나의 충실한 친구가 되었다. 사실, 나는 운동이야말로 삶의 스트레스와 직업적 성장을 지탱하는 방법의 하나라고 확신을 한다. 덴마크에서 살고 일하는 동안, 걷기는 나의 주요한 운송수단이었으며, 수영도 꾸준히 했다. 현재, 나의 고향인 로스엔젤레스로 돌아와서도 나는 수영과 걷기를 포함해 규칙적으로 운동을 하고 있다. 오랜 세월에 걸친 경험으로, 나는 정신과 신체의 건강이 한데 얽혀있다고 확신하게 됐으며, 양쪽의 건강을 다 챙기는 운동을 한다.

자신에게 적용하기

당시 내게 도움이 된 것은, 조직적인 활동 모눈종이에 기록하는 것과 근력의 점진적 형성이라는 양자의 결합이었다. 이 방법이 당신에게 맞을 수도 있고 아주 틀릴 수도 있다. 운동계획은 반드시 당신의 필요성과, 몸, 정신, 상황에 맞게 재단되어야 한다. 걷기나 필라테스 강좌가 당신에게 가장 좋을 수도 있고, 웨이트 트레이닝이나 조깅이 맞을 수도 있다. 내가 한 운동이나 사례에 구속되지는 말라. 부디 이 책을 접어놓고 생각을 하라. 친구에게 맞는 것이 당신에게 맞으리라는 법칙은 없다. 외상후스트레스장애(PTSD)로 고통을 겪었을 당시의 나는 유산소 운동을 해낼 수 없었지만, 당신은 그걸 잘할 수도 있는 것이다. 마음챙김 측정기를 이용해 운동의 여러 방안에 대해 상상을 해본 뒤, 측정기의 반응에 근거하여 실험을 선택하라. 그런 다음 가장 그럴듯해 보이는 것을 약간 시도한 뒤, 그 계획을 실행에 옮기기 전에 다시 평가를 해보라.

중요한 것은 운동을 일상화하는 것이며 스케쥴을 정해서 하는 것이다. 감당할 수 있는 정도의 규칙적 운동은 언제나 빠른 보상을 가져온다. 운동에는 상식적인 지혜가 담겨있는데, 일단 운동을 습관화하면 더 오래 견딜 것이고, 유지하기는 더 쉬워진다는 사실이다. 처음의 몇 고비만 극복을 하면 그 보상은 나타나게 되어있고, 활동적인 삶을 유지하도록 도와 줄 것이다.

운동 프로그램에 몰입하기 전에 반드시 염두에 두어야 할 아래의 기준들이 있다.

- **간절히 열망해야 한다.** 물론 나는 정말로 당신이 운동을 하기를 바란다. 그러나 무엇보다도 자신이 정말 운동을 원하는지 물어보아야 한다. 내가 아직도 이런 질문을 하는 것에 대해 어리석다고 생각할지도 모르나,

독자 입장에서 전문가의 조언에 맹목적으로 따르기 쉽고, 나는 솔직히 그것이 좋은 생각이라고 보지 않는다. 어떤 조치든 당신의 치유를 위해 하는 것들은 반드시 당신이 원하는 것이어야 하고, 그 가치를 확신하는 것이어야 한다. 원하지 않는데도 혹은 잘못된 것임을 아는데도, 다른 사람의 말 때문에 할 수 없이 하는 어리석음을 범하지는 말라.

- **건강이 허락해야 한다.** 어떤 운동을 시작하든 반드시 의사의 허락을 먼저 받으라.
- **시간이 있어야 한다.** 운동을 위해 따로 시간을 낼 수 있어야 한다.
- **경제적인 능력도 필요하다.** 체육관에 등록하고 필라테스 강좌 듣기, 기타 활동 등에는 돈이 필요하다. 그것을 할 여유가 되는지 확실히 체크를 하라.
- **운동할 장소를 정해야 한다.** 집에서 하는 것이 가장 좋은지, 아니면 나가야 하는지 결정한 다.

실전연습 1

자신에게 맞는 운동을 찾아라.

여러 운동에 대해 상상해본다. 걷기, 조깅, 아령 들어올리기, 앉았다 일어나기, 푸시 업, 필라테스, 요가, 댄스 수업, 자전거 타기, 트레드밀 등 그 밖에 당신이 생각할 수 있는 모든 것을 그려보라. 그중에 한두 가지를 상상할 수도 있고 한꺼번에 전체 항목을 상상해도 좋다. 다만, 감당할 수 있는 양만 시도한다는 것을 명심하라. 마음챙김 측정기를 사용해 정말 실험하고 싶은 것들을 찾아낸다. 그 다음엔 그것들을 한 번에 하나씩 배열하라. 어떤 것이 당신에게 가장 좋은지 상식뿐만 아니라 마음챙김 측정기를 동원하라. 팀 스포츠나 정원 가꾸기처럼 신체적 에너지를 구사하고 힘을 증가시키는 활동도 선택사항에 들어간다. 또한, 신체적, 정서적 안정감을 형성하면서 동시에 다른 것들과 접촉케 하는 것을 발견한다면, 일석이조가 될 것이다.

실전연습 2

기록을 유지하라.

정기적 활동 스케줄을 유지하는데 기록이 도움이 된다고 생각하는가? 그렇다면, 어떤 것을 이용하면 좋을까? 예를 들어 저자 본인에게는 모눈종이가 있었다. 그건 각자에게 달린 것이다. 진전 상황을 기록하는데 작은 별이나 여러 종류의 스티커는 어떨까? 혹은, 운동할 때마다 통에다 돈을 넣어서 나중에 축하잔치에 쓸 수도 있다. 어떤 것이든 계속 운동을 하게끔 고취시키는 것은 해볼 가치가 있다.

실전연습 3

운동 친구를 찾아라.

접촉과 지지는 치유에 아주 중요한 요소이다. 운동과 스포츠는 동료애의 원천이 될 수가 있는데, 친구나 아는 사람과 운동을 함께 할 때 더 쉽고 더 재미있게 할 수가 있다는 말이다. 이미 운동을 하고 있는 사람이거나, 아는 사람 중에 아침에 일어나 같이 운동을 하러 나갈 사람은 없는지 찾아보라. 다른 사람과 함께 운동할 준비가 아직 되어 있지 않다면, 정기적인 전화나 이메일 접촉을 통해서 보고나 토론을 주고받는 등의 지지를 획득할 수도 있다. 또한, 그런 식으로 당신도 타인의 운동을 지지해 줄 수도 있다. 여덟 번째 열쇠 '레모네이드를 만들어라' 편을 참조하라

일곱 번째 열쇠에 대한 평가

이 일곱 번째 열쇠에 대한 많은 반응들은 긍정적인 것이든 부정적인 것이든, 이들은 매우 육체적이고 즉각적이기 때문에 평가하는 것이 그리 어렵지 않을 것이다. 당신에게 맞는 운동을 찾았는가? 그 효과는 순수하게 신체적인 것인가? 혹은 당신의 감정, 외모, 그리고 다른 영역에도 영향을 미치는가?

일곱 번째 열쇠를 어떻게 사용할 것인가 혹은 사용하지 않을 것인가를 계획하라

이미 결정된 운동을 당신이 지금 하고 있지 않다면 더 작은 단계 여섯 번째 열

쇠에 관한 장으로 돌아가 다시 읽어보라. 너무 많은 걸 시도했거나 너무 일찍 시작한 탓일 수도 있다. 양을 줄이거나 시기에 대해 재협상하라. 당신이 할 수 있고, 꼭 할 것이고, 계속해서 할 무언가를 찾을 때까지 계속 조정을 하라. 나는 겨우 세 번씩 하는 운동으로 시작을 했다. 정말이지 한 줌도 되지 않는 운동량이었다. 단 한 번에 그치더라도 그것이 나에게 적합하다면 그렇게 시작하는 것을 주저하지 말라.

여덟 번째 열쇠

➔ 레모네이드를 만들라! 역경을 이용하라

진주조개가 소량의 모래로 진주를 만들어지는 것이 대단하지 않은가?
우리를 짜증나게 하고 괴롭히는 것들로부터 먼저 시작을 한다면, 우리가 해내지 못할 것이 무엇이 있겠는가? – 익명의 저자

심장에 좋은 운동은 몸을 구부려 누군가를 일으켜 주는 것이다. – 격언

'삶이 당신에게 레몬을[6] 던져 줄 때, 그것으로 레모네이드를 만들어라.' 라는 말은 자신과 다른 사람을 위해 삶의 곤경을 혜택으로 바꾸라는 의미의 유명한 문구이다. '레모네이드를 만든다.' 는 말은 당신이 처한 곤경을 딛

6) 여기에서 '레몬' 은 우리가 주변에서 흔히 발견하고 구할 수 있는, 그렇게 소소하고 '하찮은' 것을 의미한다. 역주

고 올라서는 것을 의미하는데 다시 말해서, 끔찍한 환경에서 오히려 최선의 것을 취해 타인을 돕는 것을 뜻하는 말이다. 나의 동료이자 친구인 린다 로위츠는 매일같이 이 원칙을 실행에 옮기고 있다. 그녀는 류마티스성 관절염그것도 가장 심한 형태의때문에 오랜 세월을 휠체어에 묶여 지내야만 했다. 서서히 진행된 이 병은 점차 이동을 제한하면서 그녀의 삶의 질을 저하시켰다. 많은 능력과 함께 자신의 독립성도 사라지는 것을 목격한 린다는 십여 년 전, 마침내 휠체어의 필요성을 인정해야 했다. 그러나 그럼에도 불구하고 그녀는 삶에 대한 자신의 신념과 유머감각, 그리고 타인을 돕고자 하는 열망도 잃지 않았다. 그녀가 육체적으로 쇠락해갔던 기간에도 로스엔젤레스의 재향군인회에서 사회복지사로 일하면서 트라우마를 입은 퇴역 군인들을 돌보았다. 그녀는 장애가 더 심해지자 거기에 맞게끔 사무실과 운송수단을 변경해서 일을 계속해 나갔으며, 마침내 휠체어를 끌고 다니며 재향군인회의 일을 보는 인물로 존경과 인정을 받게 되었다. 은퇴한 후에도 그녀는 장애인들의 권리 특히, 학교에서의 장애인들의 권리를 위해 계속 싸워 나가고 있다. 내가 레모네이드라는 개념을 마음에 그렸을 때 가장 먼저 떠오른 사람이 바로 린다 로위츠였다.

많은 사람들의 경우, 자신이 겪은 것의 의미를 찾을 때 치유의 중요한 국면을 맞이하게 된다. 즉, 자신과 타인을 위해 최소한 자신이 겪은 비극을 이점으로 전환시킬 수도 있다. 그러나 당신의 치유 과정에 레모네이드 만들기를 언제 추가하면 되는지는 시기와 당신의 능력과 환경에 달려있다. 그러나 트라우마의 후유증에 급박하게 휘둘리고 있는데 그런 경험이 어떤 식으로 이익이 될 수 있는지 깊이 생각해볼 여유가 있는 사람은 거의 없을 것이다. 내가 이 항목을 치유의 핵심으로 포함시켰다고 해서 트라우마를 우습게 보는 것은 아닌지 오해하지는 말라. 저자 역시 외상후스트레스장애(PTSD)로 고통을 겪었고 정확히 당신 입장에 서 있어 보았다. 그럼에도 불구하고 이 항목이 당신의 상황에 맞지 않다고 느끼거나 기분을 상하게 만든다면 이 열쇠 편을 건너뛰어도 좋다. 혹은 더 적절한 시기가 올 때까지 미루라.

레모네이드를 어떻게 만들어야 할지는 시기를 포함한 많은 요소에 달려있다. 트라우마가 가족 전체나 이웃, 또는 지역사회를 덮쳤을 때, 즉시 서로 도와줄 수 있어야하고 또한 그렇게 해야만 한다. 당신이 경험한 것과 똑같은 것 예, 지진, 홍수, 총격을 겪은 다른 사람들을 위해 당신이 할 수 있는 일을 한다면, 그것은 당신에게도 도움이 될 것이다. 심한 트라우마를 겪은 사람들 즉, 2001년 9·11테러 당시와, 허리케인 카트리나가 불어 닥쳤을 때에 사람들이 서로를 도왔던 방식이 그 좋은 예이다. 일반적으로, 그러한 도움을 주려고 뛰어드는 사람들이 그렇지 않은 사람들보다 장기적으로 훨씬 더 빠른 치유를 보이지만, 좀 더 치유가 될 때까지나 혹은 완전히 치유가 될 때까지, 레모네이드 만드는 것을 연기해야 하는 사람들도 있다. 언제 어떻게 만드는 것이 좋을지는 당신의 마음챙김 측정기와 상식을 활용하기 바란다.

저자가 처했던 상황을 예로 들어 보겠다. 외상후스트레스장애(PTSD)는 나의 핵심을 뒤흔들어 놓으며, 수년 동안 나를 강타했다. 그 상황에서 '레모네이드를 만들기' 란 한마디로 엄두가 나지 않는 일이었다. 그 때의 나는 일상생활의 요구와 의무를 충족시키는 것조차도 그저 힘든 일이었다. 마침내 레모네이드를 만들게 된 것은 나의 전문 분야에서의 활동과 책을 집필

하는 것을 통해서였다. 고백하건데, 처음부터 의식적으로 그렇게 한 것은 아니었다. 나의 공식적인 견해와 글쓰기는 나중의 일이었을 뿐이고, 처음에는 그저 잘못된 치료와 전혀 도움이 되지 않는 치료 개입에 대해서 때론 성난 목소리로 대응을 하는 정도였다. 내가 견뎌온 시절은 상처를 입은 사람을 어떻게 도와주면 되는지 아무도 모르던 시절이었다. 나는 내 분노의 물길을 그동안 잘못되어 내려온 치료적 방법과 조치들을 지적하고, 상처를 입은 이들에게 내가 새롭게 발견한 도움이 되는 것들을 정리하는 쪽으로 돌렸다. 그리고 점차 나의 목표는 내가 입었던 고통을 다른 사람들은 좀 더 쉽게 극복할 수 있도록 하는 것이 되었다. 대부분의 경우, 일단 치유과정에 시동이 걸리면 늦추거나 멈추는 어떠한 점검이나 균형도 없이 너무나 무리하게 압도적인 치료의 과정으로 밀어 넣는다는 것이 문제임을 발견했던 것이다. 몇 년 뒤, 내가 트라우마 연구 이론, 역사, 치유법에 천착하면서 강의도 시작하게 되었을 때, 나는 내가 겪은 것과 유사한 경험을 한 사람들이 많다는 것을 발견했다. 이들 중에는 부적절하거나 불충분한 치료의 결과로 심한 주기적 심지어는 영구적으로까지 기능장애를 겪은 사람들도 있었다. 실제로 그런 사례의 사건들이 많이 알려지면서 나는 여전히 숨어있는 사람들도 많다고 생각한다, 나는 트라우마를 입은 사람들을 위해 확실한 정보와 더 많은 치유 선택사항과 전략을 제공하고, 그들을 교육시키겠노라 결심을 했다. 더불어, 나는 트라우마 전문가들의 지식과 도구에도 기여하려고 노력을 했다. 이것이 바로 '트라우마 레몬'에서 '레모네이드'를 만들어온 그리고 계속 만들고 있는 나의 방식이다. 그리고 이런 일을 하는 사람은 나 혼자가 아니다. 트라우마의 치유를 전문으로 하는 나의 동료들 대부분을 포함해 자신의 트라우마로부터

'레모네이드'를 직접 만들어내는 사람들도 정말 많다. 내가 만난 모든 스트레스 전문가는 대부분 그 자신이 직접 트라우마를 겪은 사람들이었다. 나는 우리 자신이 상처받은 치유자로 구성된 전문 집단이라고 생각한다.

우리들만이 그런 것이 아니다. 일반인들도 매일 역경을 혜택으로 바꾸고 있다. 타인을 돕거나 옹호하는 것은, 상처를 받은 사람들이 자신의 레몬으로 레모네이드를 만드는 빈번한 방법이다. 음주운전에 반대하는 엄마들의 모임(MADD, Mother Against Drunk Driving), 미국암협회의 회복 도우미들(RRACS, Reach to Recovery volunteers from the American Cancer Society), 리얼리티 쇼 AMW(America's Most Wanted)의 텔레비젼 시리즈물, 매튜 셰퍼드 재단(MSF, Matthew Shepard Foundation) 앰버 경고제도(AAP, Amber Alert Program)는 모두 자신들의 끔찍한 경험을 다른 사람을 위한 도움으로 전환한 트라우마 생존자들로부터 시작된 것이다. 자신의 비극에서 레모네이드를 만들어냄으로써, 다른 사람들 역시 똑같은 행동을 하도록 만들었던 것이다. 또한, 세상에는 어느 곳을 가든 유명세를 타지 않고 조용히 레모네이드를 만드는 사람들이 많이 있다. 이들은 자발적으로 노인과 아이들, 집 없는 사람들을 돕거나 정치적 캠페인과 지역 사회사업에 관여하면서, 이웃과 친구, 가족들을 돕고 있다.

당신이 결국에 하게 될 일은 당신의 트라우마와 직접적으로 연관된 것일 수도 있고 아닐 수도 있다. 물론 기분을 나쁘게 하거나 플래시백을 유발하는 혹은 그 비슷한 어떤 상황에도 뛰어들지 않도록 신경을 써야 할 것이다. 당신이 맡은 일이 당신의 증상을 줄이는데 기여하는지 여부도 반드시 확인해야 한다. 만일 당신의 증상이 악화된다면, 다른 일을 찾아야 한다.

시기도 중요한 고려사항이다. 본 장의 메시지에 떠밀려 너무 빨리 뛰어들거나 너무 많은 일을 벌이는 것도 현명하지 않다. 나가서 활동하고 싶은 기분이 들지 않는다면, 전화나 인터넷으로 할 수 있는 활동부터 시작해도 좋다. 얼마나, 언제 시작하면 좋을지를 결정하고 하고 싶은 일의 선택을 최적화하는데 상식과 함께 마음챙김 측정기를 사용하라.

레모네이드를 만드는데 큰 프로젝트나 홍보는 필요 없다. 아주 작은 것이라 하더라도 그저 누군가를 돕는 무언가를 하면 된다. 무엇을 할 수 있고, 무엇을 하기를 원하는지에 초점을 맞춰 전략을 세우라. 당신의 부족한 점보다 당신의 능력에 집중하라. 예를 들면, 위에서 언급한 내 친구 린다는 신체적 활동을 요하는 것은 어떤 업무도 할 수 없었지만, 그녀는 숙련된 경청가이자 사회사업가로서, 퇴역군인들을 도울 수 있었다. 막스 다섯 번째 열쇠, 5B는 처음에는 한 달에 한 시간이나 두 시간으로 시작해서 점차 봉사의 양을 늘리며 나중에는 활동가가 되기도 하였다.

레모네이드를 만드는 또 다른 이유는, 트라우마 이외에 정신을 쏟게 만드는 활동과 계획을 제공하는데 있다. 가족이든 일이든, 종교 집단이나 자원봉사든 그 어떤 것에 생산적으로 참여하면 할수록 당신은 더 나은 삶을 살 것이다. 너무나 많은 트라우마 생존자들은 트라우마의 후유증이 자신의 인생 전체에 해당하는 하루하루의 나날들을 파괴하도록 속수무책으로 나둔다는데에 그 문제가 있다. 이는 트라우마에 뒤이어 이들을 가장 쇠약하게 만드는 원인 중에 하나이고, 치명적인 손상을 가져다 줄 수도 있다. 나는 여덟 번째 열쇠의 장을 통해 당신이 누군가 다른 사람을 도움으로써 생겨나는 활동과 유용함을 얻을 수 있기를 바란다. 그리고 그로 인해 당신이 트라우마의 후유증에 대응함으로써, 스스로를 위해서도 무언가를 할 수 있고 새로운 영감도 불러일으키게 되는, 그러한 힘을 쌓아가기를 바란다.

레몬에서 레모네이드를 만들기 위해, 이전에 제시한 열쇠들을 검토하라.

- 마음챙김 측정기를 사용하여 자신이 하고 싶은 것을 발견하기 첫 번째 열쇠
- 당신이 생존했기 때문에 참여할 수 있다는 걸 기억하기 두 번째 열쇠
- 성취할 수 있을 만큼만 조치의 크기를 조절하기. 예를 들어, 아직 나갈 준비가 되어 있지않다면, 전화나 자택 업무 또는 과자나 빵 굽기같이 집에서 할 수 있는 것을 찾아보기 여섯 번째 열쇠
- 심부름이나 정원 가꾸기 같은 것으로도 누군가를 도와주기 일곱 번째 열쇠

프란신의 사례

작은 체구와 약간 구부정한 모습을 한 백발의 프란신은 그녀가 일했던 은행이 털렸을 때 거의 은퇴할 무렵이었다. 그녀는 두 명의 동료가 총에 맞아 죽는 장면을 목격한 이 조직적 범죄의 증인이기도 했다. 강도들은 '우린 할머니는 해치지 않아!' 라고 크게 장담을 하며 그녀를 살려주었다. 그럼에도 불구하고, 그녀는 사건에 대한 엄청난 충격으로 다시는 직장으로 복귀하지 못했다.

프란신은 이 사건에 어떻게 대처하면 좋을지 혼돈상태에 빠졌다. 목숨을 잃는 것은 두렵지 않았지만, 그녀가 목격한 폭력과 잔인함은 너무나 끔찍한 것이었다. 그녀는 점점 더 많은 시간을 집에서 보냈고, 동네 댄스클럽을 포함한 이전의 기쁨에도 흥미를 잃었다. 그녀는 회원들이 즐거워하는 모습과 모임의 생기발랄함을 그저 대면할 수 없을 뿐이었다. 그녀가 계속 그들의 초대를 거절하자 그녀의 친구들은 그녀가 점점 더 걱정이 되었다. 그러나 그녀가 아는 누구도 그녀가 겪은 것과 비슷한 그 어떤 것도 겪어본 적이 없었기 때문에, 그녀는 자신이 더 이상 그들과 관계할 수 없다고 느꼈던 것이다.

강도 사건 후에 프란신이 느꼈던 고립의 정도는 트라우마 희생자들 사이에서 빈번하게 일어나는 것이다. 극단적인 사건을 겪은 유일한 사람, 혹은 극소수에 든다는 것은 생존자로 하여금 완전히 혼자라는 기분을 느끼게 한다. 비슷한 경험을 한 타인을 위해 무엇인가를 하는 것, 즉, '레모네이드 만들기' 가 둘 다에게 매우 유용할 수 있는 이유이다.

이론의 적용

트라우마 희생자들의 치유를 도와주는 결정적인 개입에 대한 조사연구는 거의 이루어진 것이 없다. 그러나 한 가지, 상당히 분명한 연구 결과에 의하면, 뚜렷한 목적의식이 트라우마 치유에 엄청난 영향을 행사한다고 한다. 목적의식이 통제감과 결합이 될 때, 더 긍정적인 효과를 보이는 것 같다. 그러므로 의식적인 '레모네이드 만들기' 를 통해 목적의식을 찾고 통제력을 획득한다면 강력한 효과를 지닐 것이다.

9월 11일, 테러리스트의 공격이 있은 후 로스엔젤레스의 KNBC TV 방송은 자원봉사 심리치료사들로 구성된 시청자 참여 직통 상담전화를 설치했다. 그 반응은 엄청났는데, 수많은 상담가들 나 자신을 포함해이 기꺼이 돕고자 했다. 자원 봉사자들이 물밀듯이 몰려드는 바람에 방송국 측에서는 개인당 4시간씩만 교대로 봉사하게 했다. 여러 날 동안 계속해서 도움을 제공하기를 바랐던 우리로서는 여간 실망스런 일이 아니었다. 의식적이든 무의식적이든, 우리 심리치료사들은 예전의 상황과 내담자들과의 경험으로부터 우리가 도움을 제공하면 할수록, 자신도 자신의 문제에 더 잘 대처할 수 있다는 사실을 알고 있었다고 나는 생각한다. 전화로 도움을 요청한 이들도 마찬가지였다. 선택에 의해서든 신체적 상황에 의해서든 집에서 고립된 사람들은 가장 힘들게 그 어려운 상황에 대처를 했던것 등의 일을 할 수 있는 사람들이 훨씬 더 잘 극복을 해냈다. 나는 전화로 상담한 거의 모든 사람들에게 다른 사람들이 모이는 곳 예, 교회, 레스토랑, 또는 지역사회 센터에 참여하든지 아니면 사람들을 초대 커피를 마시거나 저녁을 먹으러, 또는 영화를 보기위해 하라고 격려를 했다.

9·11 테러 직후 트라우마를 입은 사람들을 돕는 일을 시작한 그날, 나는 타인을 돕는 행위의 상호성에 관해 다시 상기하게 되었는데, 이는 정말로 상부상조 하는 일이었다. 도움을 주는 사람은 자신이 그렇게 도움을 주는 행위로부터 도움을 받는 사람만큼 혹은 그보다 더 많은 도움을 받는다.

그리고 이러한 이유로 인해서 나는 절대 이타주의를 믿지 않는데, 또 그렇다고 해서 타인을 돕는 일에 대한 열정이 줄어든다는 것은 전혀 아니다. 도움을 주는 사람이 받는 혜택은 일종의 보너스 같은 것인데, 보너스가 없다고 해서 선물이 줄어드는 것은 아니다. 누군가가 곤경을 헤치며 살아 나가도록 혹은 기분이 나아지도록 돕는 일은 대개 자신을 돕기도 할 것이다.

여덟 번째 열쇠의 발견

나는 프란신의 고립에 대해 점점 더 염려를 하게 되었다. 그녀는 친구들과 어울리거나 댄스 동호회 모임에 참석하도록 자신의 동기를 유발 할 수 없었다. 고작 동네를 산책하는 것이 그녀의 유일한 활동이었다. 때때로 그녀는 길에서 만난 어른이나 아이들과 피상적인 짧은 잡담을 나누곤 했는데, 그 짧은 대화조차도 자신이 가장 편안함을 느끼는 집으로 돌아오기 위해 서둘러 끝내곤 했다.

프란신이 길에서 어슬렁거리는 젊은이들에 대해 '지루해 보이거나' 또는 '뭔가 나쁜 장난기에 빠진 것' 같다고 주기적으로 불평하고 있다는 사실이 나에게 희망을 던져줬다. 그녀의 분노에도 불구하고 또는 분노 때문에, 그런 아이들에 대해서 그녀가 이야기할 때의 모습은 짧았던 우리의 면담시간에 비교해 볼 때, 그 어느 때보다도 생기가 있어 보였다. 이 부분을 지적하기 전에 나는 적절한 시기가 올 때까지 한동안 기다렸다. 마침내 그 점에 관해 그녀에게 묻자, 그녀는 나의 의견에 동의를 했다. 그녀는 말하기를,

학교 교육이 얼마나 '부족한지'를 생각하면 정말 '분노가 치민다'라는 것이었다. 그 감정의 힘이 어디에 근거 하냐고 나는 물었다. 그녀는 잠시 생각에 잠기더니 자신의 상황과 연관을 지었다. 즉, 그 은행 강도들도 역시, 한때는 이 동네의 십대들처럼 거리를 쏘다니고 다니지 않았을까 궁금하다는 것이었다.

"만일 그들이 그랬다면요?"라고 나는 물었다. "그들의 운명을 바꾸기 위해 당신 같으면무엇을 하시겠어요?"

프란신은 내 질문에 확실히 놀랐다. 물론 그녀는 거리의 아이들이 지루해하며 잔뜩 불만에 가득 차서 거리를 쏘다니는 모습에 친구와 가족들에게 불평을 해왔지만, 그런 아이들의 냉담함의 밑바닥에는 과연 무엇이 깔려있는지 자신이 거기에 대해 무엇을 할 수 있는지에 대해선 그다지 생각해 본 적이 없었던 것이다.

"글쎄요, 애들이 학교에 좀 더 재미를 붙이도록 할 수 있겠지요. 애들이 보다 나은 미래를 가질 수 있는지에 대해서 알고 싶어요."라고 프란신이 제안을 했다. 지루함과 목적의식의 결여로부터 발생하는 범죄를 막는데 교육이 해독제 역할을 할 수 있다는 점에 우리는 동의를 하면서, 프란신 혼자 힘으로 그 상황을 바꿀 수 있을 것 같지는 않다는 데에도 의견을 함께 했다. 반면에, 나는 그녀가 아주 조그마한 것이라도 할 수 있을지 모른다고 제안했다. "어쩌면 가능하겠죠."하고 그녀가 말했다.

그때, 한 가지 아이디어가 내 마음속에서 구체화되고 있었다. "학창시절, 당신이 가장 좋아한 과목은 무엇이었죠?" 나는 궁금했다. 그녀는 수학을 잘했는데, 그래서 그런지 숫자에 능했던 그녀는 성공적으로 은행 일을 수행할 수가 있었다. 나는 다시 아이들에 관해 물었다. "수학 숙제를 하는데 조금의 도움이 필요한 아이들이 혹시 있지 않을까요?" 프란신은 모든 아이들이 그럴 것이라고 추측했지만, 다소 부모의 소홀함을 받고 자란 것 같은 12세의 한 소녀를 떠올렸다.

"때때로 그 애에게 손을 뻗치고 싶었어요." 프란신이 털어 놓았다. "정말 저 아이를 도와주고 싶다는 생각을 했었죠."

"정말요? 음, 한 번 해보지 그러세요." 나는 그녀에게 도전을 주었다. 그리고 그녀가 이 생각에 어떻게 대응할지 너무 궁금해서 숨까지 죽이고 있었다. 충분히 시기가 무르익은 듯이 자연스럽게 보였지만 나는 그녀를 강제로 그 상황에 밀어 넣고 싶지는 않았다. 그러나, 그녀는 전에 없이 열정적인 모습을 보였다.

우리는 어떤 식으로 그 소녀에게 다가가 무료 개인 지도 이야기를 꺼내면 좋을지 전략을 세우기 시작했다. 그리고 그 둘 모두를 위해서 처음에는 15~30분 정도만 만났으면 좋겠다고 내가 제안했다. 서로 시험해 보는 시간을 가진 뒤, 계속 할 수 있는지 체크해 보라고 권유를 했다. 우리는 토론을 거친 다음에, 소녀의 흥미를 평가하고 소녀의 엄마에게 허락을 얻기 위해 프란신이 어떻게 접근하면 좋을지 리허설을 가졌다.

그 다음 주에 만난 프란신은 내가 여태껏 보아온 그 어느 때보다도 활기차 보였다. 소녀는 수줍어 하긴 했지만 분명 흥미를 보였다. 프란신이 어떤 식으로 하든, 그 소녀의 엄마는 분명 신경을 쓰지 않을 것이기 때문에 길은 분명했다. 처음에는 공부를 가르친 다음 두 번째는 한 약속을 했다. 여러 주가 지나는 동안 프란신의 감정적 상태가 호전이 됐다. 프란신은 소녀를 데리고 다시 교회에 나가기 시작했다. 그들은 잘 맞았고 그들의 관계 또한 성장을 했다. 소녀는 프란신에게 우애와 목적의식을 제공해 주었다. 그리고 그에 대한 보답으로 프란신은 소녀의 학교 성적이 향상되도록 도와 주었을 뿐만 아니라, 점차 안전한 하나의 '항구'가 되어 갔다. 시간이 흘러가면서, 프란신은 점차 소녀의 교육과 그녀의 미래에도 관여하게 되었다.

프란신의 경우가 결코 특이한 한 것은 아니다. 나는 유사한 이야기를 많은 사람들로부터 들어왔는데, 그것은 어른들, 종종 은퇴자들은 관심이 필요한 동네의 아이들과 인연을 맺는 것이었다. '빅 브라더' 나 '빅 시스터' 혹은, '양조부모그룹Foster Grandparents Groups' 과 같은 국가 시니어 그룹의 조직화된 프로그램을 통해 인연을 맺는 사람들도 있지만, 많은 사람들이 비공식적으로 관계를 형성한다. 저자와 개인적으로 친한 사람들 중에도 여러 명이 바로 그런 관계를 맺고 있다. '입양 손자' 를 둔 사람이 있는가 하면, 도시에 사는 한두 명의 십대와 밀접한 관계를 유지하는 사람도 있다. 사실 저자에게도 '양어머니adopted mother' 가 있다. 그녀의 이름은 마지이고 나는 그녀에게 내 첫 번째 책을 바쳤다. 따라서, 이러한 직접적인 경험을 통해 나는 그런 관계가 양 쪽 모두에게 얼마나 가치가 있는지 잘 알고 있다.

자신에게 적용하기

당신이 준비가 되었다면, 누군가를 위해 아주 조금이라도 당신이 할 수 있는 것이 무엇이 있을지 자유롭게 생각을 쏟아내 보라. 실제 준비가 안됐을 때라도 브레인스톰brainstorm같이 어떠한 주제와 관련하여 떠오르는 생각들을 마인드맵mind map이나 짧은 글로 좋은 써가는 것도 좋은 방법이다. 또한, 그렇게 함으로써 미리 준비된 선택을 가질 수가 있다. 그리고 그것에 접근하는 여러 방법들이 있는데 다음의 실전연습에서 설명할 것이다. 한편, 아무것도 당신에게 맞지 않는 경우에 대비해서도 한 두 개의 아이디어를 제시하고 있는데 아무쪼록 이것들로부터 영감을 받아 당신에게 맞는 것을 깨닫거나 만들어내기를 바란다. 종종 트라우마를 겪는 사람들은 무엇인가 변화할 때까지 기다리고 또 기다린다. 그러나 오래 기다리면 기다릴수록 이들은 더 마비가 되는데, 자신을 위해 할 수 있는 최선의 것이 무엇인가 하는 의구심과 회의가 드는 것이다. 거의 무엇이든 좋으니 다른 누군가를 위해 무엇인가를 하라. 다른 이들을 위해 하는 일은 당신에게도 좋다.

레모네이드를 만들 준비가 됐다는 것을 어떻게 알 수 있을까?

이 질문에 답을 하는 건 조금은 까다롭다. 일단, 우리가 지금껏 논의해온 거의 모든 것과 마찬가지로 대답은 동일하다. 즉, 상황과 요구 그리고 몸의 상태에 따라 각자 다르다는 것이다. 마음챙김 측정기는 여기에서도 도움을 줄 수 있다. 시나리오를 상상하고 나아갈 길의 안내를 위한 측정기의 반응에 주의를 기울여라. 레모네이드 만들기의 시작단계는 몸 움직이기와 운동

일곱 번째 열쇠 편을 보라의 시작단계와 유사하다는 것에 주의를 하라. 나머지 단계를 수월하게 하기 위해서, 때로는 초기의 작은 단계를 자신에게 독려할 필요가 있다. 이것이 바로 저자가 프란신에게 도전장을 던진 이유였다. 무언가를 할 준비는 이미, 상당히 되어있었지만 그녀를 움직이게 하는 데에는 약간의 자극이 필요했다. 그녀의 머뭇거림이 "아니야, 지금은 할 수 없어!"를 의미하는 것인지, "첫 번째 단계를 하고는 싶어. 하지만, 멀리 갈수는 없어!"를 의미하는 것인지를 분간하기란 쉽지 않다. 마음챙김 측정기를 사용해 그 미묘한 차이를 시험해 보라.

여기에서 일반적으로, 고려해야 할 사항은 다음과 같다.

• 하고 싶은 것을 하기에 나는 충분한 에너지를 가지고 있나?
• 초점을 유지할 수 있을 것인가?
• 결국 나타날지도 모를 불안감과 스트레스를 어떻게 다룰 것인가?
• 충분한 시간을 보장할 수 있는가?
• 이 임무에 자신이 있는가? 그렇지 않다면, 그렇게 되기 위해 해야 할 것은 무엇인가?
• 나를 지지해 줄 사람이 있는가? 즉, 도움에 관한 경험을 함께 나눌 친구나, 전문가가 있는 가?
• 성공을 보장할 만큼 내 첫 걸음은 충분히 알맞은가?

실전연습 1

이웃 중에 도움이 필요한 사람을 찾아보라.

가끔씩 누군가의 방문이 필요한, 하다못해 쓰레기라도 대신 버려주는 것이 도움이 될 독거노인은 없는지 살펴보라. 프란신의 경우처럼 개인지도가 필요한 아이는 없는가? 병약한 사람이 키우는 애완견을 대신 산책시켜주는 것은 어떠한가? 누구를 또는 어떤 부분을 도와줄 것인지는 중요하지 않다. 다만 타인을 돕고, 그런 일을 함으로써 당신이 필요한 사람이라는 느낌과 당신의 목적의식을 드높이는데 그 목표가 있다.

아주 조그마한 행동을 시도해보고, 그 느낌이 어떤지를 평가해보라. 당신에게 이로운지 결정하는데 마음측정기를 사용하라. 긍정적인 효과가 느껴진다면 계속해 나가라. 부정적인 반응이 느껴진다면, 임무와 시기를 들여다보고 당신에게 맞는 것을 깊이 생각해보라. 인내심을 가져라. 도와주는 이와 도움을 받는 이 모두에게 혜택을 주는 그 어떤 것에 온전히 정착하기까지에는 몇 번에 걸쳐 실험을 해야 하는 경우도 있다.

당신의 도움을 원하지 않거나 필요로 하지 않는다고 해서 낙담하지는 말라. 도움을 받는 게 부끄럽거나, 그것을 나약함으로 인식하는 사람들도 있다. 그들의 그러한 반응은 당신과는 아무런 상관이 없는 것이다. 그러므로 거절을 침착하게 받아들이고 다른 누군가에게 도움을 제공하라.

실전연습 2

어떤 종류의 자원봉사를 할 수 있을까?

어떤 종류이건 간에, 지금 당장 또는 미래에 할 수 있는 자원봉사 목록을 만들라. 한번이든 또는 규칙적으로 십 분 동안, 30분 동안, 아니면 하루의 절반이든 상관없다. 그리고 여기에 약간의 조사가 필요할지도 모른다. 도움을 필요로 하는 그룹을 찾는데 인터넷을 사용할 수도 있고, 미국 지역공동모금회Local United Way Office가 돕는 일을 처음 시작하기에 좋은 장소일 수도 있는데, 공동모금회는 많은 단체들을 알고 있기 때문이다. 또한, 자원봉사는 집에서도 할 수 있다는 점을 기억하라. 만일 사람을 잘 사귀지 못하는 성격이고 남들과 교류가 없이 산다면, 그저 전화만으로도 좋으니 타인과 접촉할 수 있는 활동을 고려해보라. 최선의 것(그리고 최선의 때)을 찾는데 마음챙김 측정기를 이용하라.

실전연습 3

당신의 트라우마에서 무엇을 배웠나?

다른 사람에게 유용하게 쓰일 수 있는, 당신의 경험으로부터 배운 것들은 무엇이든 괜찮으니 모두 열거해보라. 당신이 여러 개의 트라우마를 겪었다면, 그 리스트를 하나씩 개별적으로 만들어도 좋다. 그러나 그것의 부정적 측면보다는 긍정적 측면에 초점을 맞추라. 예를 들어, '나는 무시되었다.'

라는 표현보다 '그로 인해 나는 독립성을 배웠다.' 와 같은 문장이 좋다. 무엇보다 이 열쇠를 유용하게 사용하기 위해서는 배움의 측면을 강조해야 자신이나 타인을 도울 수 있다. 당신과 타인들, 그리고 이 세계를 보다 나은 곳으로 만들기 위해 당신이 트라우마로부터 배운 지식을 어떻게 사용할 것인가? 어릴 때 학대를 당한 많은 사람들이 자신의 아이들에게 절대 상처를 입히지 않을 것이며, 아이를 학대하는 누군가를 볼 때 또는 그러한 이야기를 들을 때 자신이 개입하겠다고 단호히 결심하는 것을 그 예로 들 수가 있다.

실전연습 4

타인을 도울 수 있는 당신의 트라우마 경험에서 당신이 얻는 것은 무엇인가?

당신의 경험들이 다른 사람을 이롭게 하는 예로는 다음과 같은 것들이 있다.

- 강간이나 폭행과 같은 사건으로 인해 당신이 고생을 했던 것을 다른 사람은 겪지 않도록 하기 위해 혹은, 그 가능성이라도 줄이기 위해 당신의 아이나 친구에게 평소 주의를 기울 이고 조심하도록 일러두는 것
- 화학요법chemotherapy이나 상실감처럼, 당신의 힘들었던 경험을 친구와 이야기를 나누 는 것
- 당신이 겪은 것과 유사한 트라우마로 고통을 받는 사람들을 돕기 위해, 적십자 단체나 성 폭력 상담센터와 같은 자원 봉사 단체에 참여하여

활동하는 것

여덟 번째 열쇠에 대한 평가

다른 사람을 돕는 한 두 개의 경험을 한 후에 – 아무리 짧은 것이라도 괜찮다 – 시기나 임무가 당신에게 적절한 것이었는지 평가하는 시간을 가져라. 계속하는 것이 좋은지 아니면 무엇인가를 바꾸거나 아예 뒤로 연기를 하는 것이 나은지 결정하는 데에 마음챙김 측정기를 이용하라.

여덟 번째 열쇠를 어떻게 사용할 것인가 혹은 사용하지 않을 것인가를 계획하라

당신에게 적당한 '레모네이드 만들기' 활동을 발견 하면, 정기적으로 그 활동을 할 수 있도록 계획표를 짜라. 매일인지 아니면 격일, 매주, 격주, 매달, 매년과 같이 어떻게 시간 간격을 두는 것이 가장 좋을까를 정하라. 그리고 스케줄이나 기타 변경하고 싶은 사항을 체크하라.

레모네이드를 만들기에 적당한 시기가 아니라고 결정한다면, 그 생각에 대해 재평가 하는 날을 정하라. 지금이 적절한 시기가 아니라고 해서 평생 그렇다는 보장은 절대 없기 때문이다. 그리고 대부분의 다른 일들이 그러하듯, 적절한 시기라는 것은 아주 중요하다.

치유 과정의 평가

아마도 지금쯤 당신은 이 '안전한 트라우마 치유를 위한 8가지 열쇠' 가 스트레스의 압박을 완화하는 가능성을 가지고 있다는 것을 알아차렸을 것이다. 그리고 이 열쇠의 많은 것들이 바로 당신을 위한 것임을 발견하였기를 바란다. 일반적으로, 정신적 외상을 입은 사람은 압력솥과 비슷하게 비유할 수가 있는데, 이는 압력이 크면 클수록 시스템을 안전하게 관리하는 것이 점점 더 어려워진다는 의미이다. 운동이든, 치료적 개입이든, 그 어떠한 방법이건 안전한 치유를 촉진하려면, 반드시 트라우마 압박을 줄이는데 일조하는 것이어야 한다. 내부의 압력이 높은데 압력솥을 여는 게 안전하지 않은 것처럼, 트라우마의 스트레스로 꽉 찼을 때 트라우마를 열려고 시도하는 것은 안전하지가 않다. 그리고 바로 이러한 이유로 인해서, 나는 스트레스를 줄이고 안정을 최대화하는 전략을 강조해왔다.

치유의 측정

당신의 일상생활이 어떻게 진행되고 있는지 지금 측정해볼 것을 제안한다.

이것은 당신에게 비교의 기준점을 줄 것이며, 향후 비교할 수 있는 기준선을 얻을 수가 있게 되는 것이다. 물론 누구에게나 좋은 날이나 나쁜 날이 있지만, 대개는 '일반적인 경향' 이라는 것이 있게 마련이다. 이 평가에 적절한 도구는 '주관적 고통지수' 라 불리는 SUDS Subjective Units of Distress Scale, 즉, 주관적 단위로 하여 스트레스의 등급을 나눈 것이다. 예를 들어, 당신은 얼마나 깨어있나? 라는 질문에 1~10까지의 등급을 사용하는 것이다. 10= 완전히 깨어있음, 1=잠들어 있음. 지금 이 글을 쓰는 저자의 점수는 10이다. 만일 내가 침대에 누워서 책을 읽고 있다면, 내 점수는 2나 3에 가까울 것이다. 이렇듯 간단히 할 수 있는 측정 방법이다. 당신의 치유 정도를 평가하는 데 SUDS를 적용해보라.

- 당신은 얼마나 차분한가? 1=이 이상 더 차분할 수는 없다. 10=이 이상 더 불안할 수는 없다. 치유 과정을 시작했을 때 점수는 얼마였나? 또, 현재는 얼마인가?
- 업무를 볼 때, 대화를 할 때, 독서를 할 때 혹은 텔레비전 프로그램을 볼 때 당신의 집중 능력에는 어떤 차이가 있나?1=가장 잘 집중한다. 10=최악의 집중 상황이다. 최초로 시작할 때의 점수와 현재의 점수를 비교해본다.
- 감정의 기복이 심했었다면, 극단적인 감정의 상태는 줄어들었는가? 1=완전히 정상이다. 10= 완전히 극단적이다. 또한, 측정을 시작할 때와 현재를 비교하라.
- 플래시백을 겪은 적이 있는가? 만약 그렇다면, 비슷한 방식으로 그것들

의 빈도와 정도를 시작할 때와 현재를 평가해라.

- 이 밖의 기타 사항들을 평가해 보라. 저자가 미처 생각하지 못한 측정의 지표들이 있다면 위와 같이 평가해보라.

'수면을 더 하는가?' '지금 일을 하러 갈 수 있는가?' 등과 같이 상식적이고 객관적인 측정도구들도 있다.

트라우마를 입은 신경 체계는 어떻게 치유가 되는가

당신의 트라우마 치유에 대한 평가를 내리는 데에 있어 꼭 감안해야 할 중요한 요소가 있다. 이는 아주 좋은 일을 당하거나 반대로 아주 속상한 일을 겪었을 경우, 정상으로 돌아오는데 걸리는 시간이다. 트라우마를 당한 직후에 정상으로 돌아오는데 걸렸던 시간과, 치유과정에 들어서고 난 후에 걸리는 시간은 어떠한 차이가 있는가? 한 번 외상을 입은 신경 체계는 다시 정상화되는데 오랜 시간이 걸린다. 치유 초기에는 아마도, 사소한 일에도 여러 날 동안 속상해 했었을 것이다. 그러나 손상된 신경 체계가 치유되면서, '속상함' 에서 '균형감' 을 찾기까지의 간격은 점차로 짧아지게 된다. 그렇다고, 당신의 삶에서 더 이상 속상함을 느낄 일은 없을 거라고 단언할 수는 없다. 인간의 삶이란 때때로 속상한 일과 스트레스가 있게 마련이기 때문이다. 그러나 '정서적 건강' 을 결정하는 것과 트라우마 치유란, 그런 스트레스를 스스로 얼마나 잘 다룰 수 있는지, 그리고 얼마나 빨리 정상으로 되돌아오느냐에 달려있는 것이다.

마지막 면담을 끝낸 후 여전히 발생하는 속상하고 마음 상하는 일들에 대해 불평하는 내담자들의 모습을 저자는 많이 보아왔다. 자신들을 속상하게 만든 사건에 대해 묘사하는 모습은 몇 달 전 또는 심지어 몇 년 전과 똑같은 모습이다. 이러다 보면, 처음 시작할 때로 퇴보하는 것은 아닌가 하는 두려움도 생긴다. 그러나, 그 일을 극복하는 데 얼마나 걸렸냐고 물어보면 언제나 거의, 상대적으로 짧은 시간 간격을 보고한다. 아울러, 똑같은 일을 치유하는데 전에는 얼마나 걸렸는지 기억이 나느냐고 물어보면, 정말 자신이 개선됐음을 깨닫고는 새삼 놀라는데, 이런 일은 무척이나 많이 일어난다.

그러므로, 화가 날 때는 그 이상의 것이 있음을 잊지 말라. 그리고 당신이 이제는 얼마나 화를 잘 다루고 탄력적으로 재빨리 복귀하는가를 잘 음미해보라. 트라우마를 상기시키는 것들에서 100% 자유로울 것이라고 기대하지는 마라. 그것 또한 당신의 역사의 일부이므로 당신의 목표는 트라우마와 같은 그런 것들에 의해 더 이상 균형이 흔들리지 않는 것이다.

후속 단계들

당신의 다음 조치들은 무엇일까? 이 책이나 다른 것에서 받은 도움 때문에 삶의 질과 안정감이 향상되었다면, 트라우마를 뒤로 두고 당신의 미래에 초점을 맞추라. 당신의 일부는 아직도 안정성을 토대로 하여 트라우마의 기억을 뒤져보고 싶을지도 모르고, 또 어떤 일부는 "난 아직 필요한 도움을 다 받지 않았어."라고 할지도 모른다. 계속해서 치료를 받아야 할지를 결정하는데 마음챙김 측정기와 상식을 잘 사용하기 바란다. 그리고 이 책이 당신에게 도움이 되었기를 진심으로 바란다.

더 읽어보기

아래의 독서 목록은 너무나 많은 정보들로 인해 이미 그 신경 체계가 압도된 독자들에게, 더 이상의 짐을 지우지 않게 하려고 내가 의도적으로 그 양을 줄인 것이다. 아울러, 트라우마와 외상후스트레스장애(PTSD) 에 관해 좀 더 포괄적인 독서를 원한다면, 글렌 슈이랄디Glenn Schiraldi의 '외상후스트레스장애 자료집PTSD Sourcebook' 을 먼저 체크하기 바란다.

대중적인 서적들

Damasio, Antonio. *Descartes' Error: Emotion, Reason,* and the Human Brain. New York: Avon Books, 1994.

de Becker, Gavin. *The Gift of Fear: And Other Survival Signals That Protect Us From Violence*. New York: Dell, 1997.

Herman, Judith. *Trauma and Recovery: The Aftermath of Violence From Domestic Abuse to Plitical Terror. New York*: Basic Books, 1997.

Lamott, Anne. *Bird by Bird: Some Instructions on Writing and Life.* New York: Anchor Books, 1995.

Levine, Peter. *Waking the Tiger: Healing Trauma.* Berkeley, CA:

North Atlantic Books, 1997.

Maurer, Robert. *One Small Step Can Change Your Life: The Kaizen Way*. New York: Workman, 1994.

Napier, Nancy. *Getting Through the Day: Strategies for Adults Hurt as Children*. New York: W.W. Norton, 1993.

Sapolsky, Robert M. *Why Zebras Don't Get Ulcers: A Guide to Stress, Stress-Related Diseases, and Coping*. New York: W. H. Freeman, 1994.

Schiraldi, Glenn. *The PTSD Sourcebook. 2nd ed.* New York: McGraw Hill, 2009.

전문적인 서적들

Nathanson, Donald. *Shame and Pride: Affect, Sex, and the Birth of the Self.* New York: W.W. Norton, 1992.

Rothschild, Babette. *The Body Remembers: The Psychophysiology of Trauma and Trauma Treatment.* New York: W. W. Norton, 2000.

Rothschild, Babette. *The Body Remembers Casebook: Unifying Methods and Models in the Treatment of Trauma and PTSD.* New York: W. W. Norton, 2003.

Siegel, Daniel. *The Mindful Brain: Reflection and Attunement in the Cultivation of Well-Being.* New York: W. W. Norton, 2007.

van der Kolk, Bessel, ed. *Traumatic Stress: The Effects of Overwhelming Experience on Mind, Body, and Society.* New York: Guilford, 1996.

이 책의 자조Self-Help 독자들에게

당신이 이 책을 선택한 이유는 아마도 당신이나 당신과 가까운 누군가가 트라우마로 인해 상처받고 고통을 당했기 때문일 것이다. 그렇기에 나는 당신이 이 책을 통해서 당신에게 필요한 정보나 연습을 발견하게 되기를 진심으로 바라는 바이다. 본서에서 예로 든 사례들은 내가 직업상 만난 사람들을 합성한 것이지만, 여덟 가지의 모든 열쇠에서 일러둔 사항들은 심리치료의 영역 밖에서도 적용될 수 있다. 자신의 힘으로 트라우마로부터 벗어나기를 희망하는 사람들을 위해, 이 열쇠들은 안전한 프로그램을 설계하도록 도울 것이다. 이 책의 모든 내용은 기타 다른 치료 철학의 부속물로 적합하도록 의도되어 있기 때문에, 이 책에서 얻은 정보를 다른 책이나 프로그램과 병행해서 사용해도 된다. 각각 제시한 열쇠의 내용이 당신의 요구와 딱 맞을 수도 있고, 다른 데서 얻은 연습이나 이론, 기법과 조합해서 사용해도 좋다.

자조self-help는 트라우마를 치유하는 훌륭한 방법 중에 하나이다. 대다수의 사람들은 치료나 다른 전문적 개입 없이 트라우마에서 치유되며, 이는 아주 오래전부터 그래왔다. 전문가로부터 꼭 치료받고 싶다는 열망도 없고, 또 그럴만한 경제적 여유도 없다면 자조도 좋은 방법이다.

그러나, 자조 책의 한 가지 단점은 트라우마 치료에서 그 유용성이 입증된 인간적 접촉이 없다는 것이다. 따라서 치유를 응원해 줄 지지 집단을 얻기 위해서 노력을 할 필요가 있다. 그리고 치유의 여정에서 누구와 얘기를 나누는 것이 도움이 될지를 결정하기 위해 첫 번째 열쇠인 마음챙김 측정기를 가동시키기 바란다. 또한, 누구와 경험을 공유하는 것이 좋을지를 친구와 가족, 성직자, 교사 등 결정하는 데에도 측정기를 사용하라. 누군가를 '여건 조성자Sounding board'로 이용한다면, 당신의 생각과 느낌을 정비하는데 도움이 될 것이다. 접촉contact과 지지support가 트라우마 치유에 매우 이롭다는 사실을 기억하라. 혼자 힘으로 한다고 해서 모든 것을 반드시 혼자서 해야 한다는 의미는 아니다.

한편 위의 사항들을 감안할 때에, 자신의 이야기를 공유하겠다고 결심한 사람들과 어떠한 이야기를 할 것인지에 대해서도 신경을 써야 한다. 트라우마를 돕는 것에 대해 전문적으로 훈련을 받지 않은 사람들은 일반적으로 참혹한 경험의 세부사항을 들을 준비가 잘 되어있지 않다. 따라서 그들과 토론을 벌이는 것은 별로 좋은 생각이 아니며, 세 번째 열쇠와 네 번째 열쇠편을 보라 그들과는 트라우마에서 기인하거나 혹은 아닐 수도 있는, 현재 삶의 어려움에 대해서만 이야기하는 것이 좋다. 그리고 과거에 대해서 이야기할 때에는 세부사항은 피하고, 대략적인 개요나 그 시작에 해당하는 발단 정도로만 이야기를 제한하라. 대부분의 사람들은 다른 사람이 정서적으로 또는 신체적으로 상처당한 이야기를 잘 들을 수 있겠지만, 상처받은 이야기를 마치 그림을 그리듯 묘사하거나, 사건이 어떻게 발생했는지 단계별로 정확히 설명하는 것을 듣는 것은 적어도 일부의 사람에게는 불필요한 감정의 고조를 일으킬 수 있다.

자신의 이야기를 들어줄 사람에게 미리 주의를 주거나, 자신의 이야기를 들어줄 시간이 있는지 미리 물어보는 것도 좋은 생각이다. 속상한 일 때문에 친구에게 전화를 해서 덮어놓고 감정부터 분출하다가 그것이 결과적으로 전화하기에는 적절치 않은 시간이었다거나, 혹은 상대편이 편하게 전화를 받을 상황이 아니었더라는 다소 당황스런 경험을 누구나 해 본적이 있을 것이다. 그리고 이때가 만일 당신이 심한 스트레스와 취약감에 시달릴 때라면, 그 결과로 당신은 정신적으로 거의 황폐화 될 수도 있는 위험성을 가지고 있다. 그러므로 더 나은 방법과 전략은 다음과 같이 묻는 것이다. "지금 전화 받기가 괜찮아요?" 상대방이 그렇지 않다고 한다면, 다음을 기약하면 되는 것이다. 그렇지 않아도 상처로 가득 차있는 마음에 거절의 쓰라림과 버려진 것 같은 감정을 추가시킬 필요는 없지 않은가?

과거와 현재, 그리고 미래의 트라우마 치료 내담자들에게

트라우마 치료는 결코 쉬운 과정은 아니다. 시간과 돈 뿐만 아니라 심리적 에너지와 육체적 에너지까지 요구된다. 그러나 그러한 당신의 투자 위에 다음과 같은 가치를 덧붙인다면, 성공의 가능성은 더욱 커진다.

- 정보를 얻는 것
- 자신의 필요를 분별하는 능력
- 자신에게 도움이 되고, 도움이 되지 않는 것을 깨닫는 것

위와 같은 이유들로 인해, 나는 이 책이 당신의 치유와 관련된 적절한 부속품으로 이용될 수 있도록 의도했다. 이 책을 당신 스스로의 치료를 위해 이용해도 되고, 심리치료사와 함께 읽어본 뒤 적용해도 좋다.사실, 그 어떠한 치료든지 간에 나는 항상 최고의 트라우마 치료란 진실한 파트너의 관계 즉, 심리치료사와 내담자 간에 이루어지는 협조적인 노력의 성과로 이루어진다는 확신을 해왔다. 둘이 함께 협조하면 협조할수록 좋은 결과의 가능성은 더욱 더 커진다. 그러므로 나는 이 책이 당신의 심리치료사와 함께 활용할 수 있는 여러 부속품의 하나가 되어야 한다고 제안을 하는 바이다. 하지만, 심리치료사의 도움을 받아 여러 가지를 실험해보면 얼마나 좋을까 생각하면서도, 현실적으로는 당신 혼자서 한 두 개 정도만 시도해보

고 이내 끝낼지도 모른다. 그러나 최소한, 지금 읽고 있는 것과 혼자서 하는 것들을 당신의 심리치료사와 함께 토론해주길 바란다. 어떤 것들이 당신의 치유를 발전시키고 또 어떤 것들이 방해하는지 개별화하라. 더불어, 첫 번째 열쇠 편에서 언급한 "마음챙김으로 당신만의 치료 과정을 구상하라"는 어떤 심리치료사를 고용하면 좋을지 평가하고, 치유 과정의 성공여부를 판단하는 데에도 도움을 줄 것이다.

나는 심리치료사를 고를 때, 어떤 특정한 기법이나 모델에 근거하지 말고 당신의 유대감에 기초해 선택하라고 강력히 권고하고 싶다. 성공적 치료를 낳는 가장 중요한 요소는 내담자와 심리치료사 간의 관계라는 것을 역사는 증명해왔다. 그리고, 여러 기법에 대한 훈련을 받은 심리치료사가 오로지 한 종류의 기법을 고수하여 거기에만 집착을 하는 심리치료사보다 낫다. 즉, 모든 사람에게 효과를 발휘하는 유일한 과정이나 이론은 존재하지 않는다. 오직 한 가지 모델에만 의지하는 심리치료사는 만일 그것이 효과가 없을 때 제공할 다른 무엇을 가지고 있지 않다. 만일 그런 경우에는 불행히도 그 실패에 대한 책임은 흔히 내담자에게 떠넘겨진다. 최고의 심리치료사는 이론과 개입에 대해 사용할 수 있는 넓은 선택의 폭을 갖고 있어야하며, 각 개인의 독특한 상황과 요구에 맞게 특별히 재단된 치유법을 권고할 수 있어야 한다.

개업 심리치료사들뿐만 아니라 많은 보험회사들도 어떠한 유일한 기법이 효과를 발휘한 증거를 들이대며 단일 기법을 지지하고 있는 실정인데, 이를 절대적으로 믿는 것은 위험하다. 또한 최신의 치료경향을 확인하는 데에 있어 그에 대한 자료조사가 유용할지는 모르지만 그렇다고 해서 그것이 당신에게도 적절한 최선의 것은 절대 아니다. 어떠한 치료적 체계가 성공적이라고 기록되어 왔다고 해서, 그것이 당신에게도 효과가 있을 거라는 보장은 없다. 트라우마 치유에 관한 기법치고 어느 정도 효과가 없는 것은 없다. A에겐 효과가 있는 것이 B에겐 없을 수도 있고, 그 반대의 경우 역시 성립을 한다. 그리고 이러한 저자의 논지를 펴는데 가장 적절한 비유가 바로 페니실린이라 하겠다. 즉, 많은 사람들에게 페니실린은 기적의 약이지만, 어떤 사람들에겐 오히려 치명적인 독이 된다. 모든 사람을 치유하는 단 하나의 항생제가 존재하지 않는 것처럼, 모든 트라우마 생존자들을 돕는 단 하나의 기법이란 존재하지 않는다. 마사 첫 번째 열쇠 편을 보라의 사례를 기억하고, 마음챙김 측정기와 상식을 이용하여 당신의 마음에 가장 와 닿는 치료 방법을 선택하라. 그렇게 한 다음, 치료를 받으면서 평가하고 또 평가하라.

마지막으로 억지로 기억에 직면하도록 요구하거나, 당신의 의지나 상식 혹은 마음챙김 측정기에 반하는 기법을 강제하는 심리치료사 – 이 문제에 관련해서는 어느 누구나 마찬가지로 해당이 된다. – 를 절대로 허용하지 말라. 당신에게 최고의 전문가는 바로 당신이다. 당신과 24시간을 함께 하는 사람은 바로 당신이다. 타인이나 심리치료사가 자신에 관한 지식을 정확히 하는 데에는 약간의 도움이 되는 이른바 '길잡이'의 역할을 할 수는 있으나, 당신에게 가장 좋고 좋지 않은 것을 궁극적으로 아는 사람은 바로 당신이다. 또한, 이와 동시에 당신이 기억해야 할 점은 심리치료사가 보기에는 위험한데, 내담자가 가겠다고 해서 잠자코 따라올 심리치료사는 없다는 사실이다. 그러므로 당신이 보기에 절대적으로 꼭 필요한 것이고 꼭 그렇게 실행해야만 하는 것이라고 생각한다 할지라도, 당신의 의견에 동의하지 않고 함께 따라주지 않을 심리치료사를 만날 수도 있다는 점을 염두 해 두기 바란다.

트라우마 전문 치료가들에게

'트라우마 치유를 위한 8가지 열쇠'는 트라우마의 생존자들과 자조Self-Help 독자, 그리고 내담자들을 위해 씌어졌고, 직접적으로 이들을 향해 말을 하고 있다. 하지만, 나는 당신이 당신의 치료적 지식과 기법에 대해 부차적으로 이용할 수 있는 치료 철학과 도구를 이 책에서 발견하기를 바란다.

나는 1976년에 임상사회복지를 전공으로 석사학위를 받았다. 수년 동안 일반 심리치료와 신체 심리치료의 임상 분야에서 일한 뒤, 1989년부터 트라우마를 입은 개인의 치료를 전문 분야로 취급하기 시작했다. 1992년에는 당신과 같은 동료 심리치료사들을 대상으로 훈련과 상담을 담당하기 시작했다. 그리고 이렇게 일해 오는 과정에서 내가 발견한 몇 가지 분야에 대해서 조심해야 할 점을 당신에게도 전하고 싶다.

첫째, '증거에 기초한'이라는 말에 지나치게 영향을 받지 않기를 바란다. 그것은 다만 '안내'일 뿐이지 절대적인 '법'이 아니다. 트라우마 치료 분야에서 가장 큰 문제점 중에 하나는 내담자를 돕거나 상처를 주는 것에 종지부를 찍는 말로, 하나의 치료적 증거를 들먹인다는 것인데, 치료라는 것이 정말 그렇게 간단하면 좋겠다. 증거에 입각한 과학이라는 것이 꼭 정확하고 절대적인 것은 아니다. 새로 소개되는가 싶더니 어느새 사라져버리는 신약과 의학적 치료의 정기적인 흐름을 우리는 얼마나 많이 목격하고 있는가? 그리고, 불행히도 치료적 결과에 관한 연구는 그것이 더 좋든 더 나쁘든 간에 가장 편견에 찬 조사 중의 하나이다. 그러나, 나는 지금 이 점에 대해 논쟁하자는 것이 아니다. 설사 과학적 평가가 완벽한 통제 하에 이루어진다 할지라도, 모든 트라우마 생존자를 치유할 단 하나의 기법은 여전히, 절대로 존재하지 않을 것이다. 이는 마치 모든 사람 아니, 대다수의 사람을 돕는 단일한 항우울제가 존재하지 않는 것과도 마찬가지의 이치이다. 그럼에도 불구하고 정말 너무도 감사한 일은 현재 우리가 연구하고 적용할 수 있는 광범위하고도 다양한 이론과 기법들이 우리에게 많이 있다는 것이다. 다양한 치료적 도구에 대해 심사숙고하는 일만이 환자를 돕는 길을 발견하는 유일한 방법이다. 그리고 그렇게 하자면 '여기서 조금, 또 저기에서는 많이'와 같은 식으로 치료법을 조합할 수도 있다. 나는 또한 상식의 더미가 한 요소로 항상 이용되기를 바란다.

더불어, 트라우마 치료에서 흔히 일어나는 실수에 대해 경계하라.

• 1단계 안정화 작업에 충분한 시간을 할애하라.

때때로 내가 이 주제에 관해 가르치거나 강의를 할 때, 심리치료사들은 내게 과연 언제 트라우마 치료 작업의 "실제 real"로 들어가느냐고 물어온다. 이 질문은 언제나 나를 놀라게 한다. 왜냐하면, 나는 1단계야말로 우리의 내담자를 안정시키고 안전하게 만드는 가장 중요한 실제 즉, 진짜 트라우마 작업이라고 여기기 때문이다. 1단계를 재방문하거나 더 많은 시간을 들이는 것만으로 간단히 문제가 해결되는 경우도 있다.

• 호기심을 자제하라.

트라우마 전문가가 가져야 할 가장 중요한 도구의 하나는 호기심을 억제하는 능력이다. 알고 싶은 욕구를 자제할 수 없다면, 미성숙하게 혹은 무의식중에 내담자로 하여금 대면할 준비가 안 된 재료를 토론하도록 밀어 넣을 수 있다. 많은 이들의 경우, 끔찍한 사건의 세부사항에 대해 털어놓는 것이 하나의 '금기'로 되어 있다. 세부사항에 대해 질문해야할 유일한 이유가 있다면, 그것은 오로지 세부사항의 처리가 내담자의 치유를 촉진시키는 경우뿐이다.

• 단계의 크기를 조금씩 줄이는 것을 배워라.

트라우마 치료에서 일어나는 좌절의 상당부분은 내담자가 감당할 수 있는 이상의 조처를 취한 결과이다. 내담자가 감당하기 어려운 양을 내어 주고는 그것을 빈번하게 저항으로 잘못 해석한다. 조치를 고안하는 사람이 심리치료사인지 또는 내담자인지는 중요하지 않다. 성공이 손에 잡히지 않는다면 속도를 줄여라. 그러면 큰 변화가 있을 것이다.

• 과거 트라우마에 집중하기 위해 현재의 트라우마를 우회하지 말라.

1단계의 안정화 작업에서 호조를 보인 내담자가 지금 답보 상태에 있다면, 당신의 작업을 재평가하라. 내담자가 들고 온 문제가 애초에 내담자로 하여금 도움을 찾도록 동기유발 했던 현재의 상황인가? 아니면, 내담자의 초기 트라우마 이야기에 당신이 정신을 빼앗겼기 때문에 내담자는 제자리걸음을 하는 것은 아닌가? 이는 흔히 일어나는 상황이고, 그리고 대부분의 경우에는 내담자의 치료가 쇠퇴하는 원인이 된다. 심리치료의 초기 시절부터 내려오는 '금과옥조'의 하나는 항상 내담자에게 다음과 같이 묻는 것이다. "왜 지금이죠?" "치료를 받는 쪽으로 균형의 무게를 살짝 기울게 한 결정적인 것은 무엇입니까?" 이러한 질문을 하는 이유는 언제나 중요하다. 트라우마의 분명한 원인과 이유, 그 내력들이 있을지라도 내담자를 불러들인 최근의 사건이나 상황에도 주의를 기울일 필요가 있고, 거기에서부터 되짚는다면 내담자의 신뢰를 얻을 수 있다. 그리고 그 뿐 아니라, 내담자의 상태 또한 일찍 개선될 수가 있다. 현재 당면한 문제를 해결한 후에 초기 트라우마에 접근하는 것이 훨씬 더 안전하다.

• 당신에게 유용했던 것이 내담자에게도 유용할 거라고 추측하지 말라.

이는 우리가 전문가로서 가장 많이 저지르는 실수의 하나다. 물론 우리에게 도움이 됐던 것이 일부 내담자에게 도움이 될 수도 있다. 그러나 당신에게 좋았던 것이 내담자에게도 좋을 거라고 성급히 결론을 내리는 것은 양쪽에 많은 좌절감을 안겨줄 수 있다. 나는 동료가 다음과 같이 투덜거리는 걸 볼 때마다 미소를 짓곤 한다. "나는 정말 어떻게 도와주어야 할지를 잘 알지요. 그런데 내담자가 저항을 한답니다." 그러나 이를 더 정확하게 표현한다면, 아마도 이런 것일 터이다. "이런 상황에서 정확히 나를 도왔던 것이 무엇인지를 나는 알고 있죠." 전자와 후자는 아주 다른 것이다. 우리에게 아이디어를 선사하는 투사는 훌륭한 것이지만, 진실과 혼동해서는 안 된다.

• 아직 준비가 되지 않은 미성숙한 단계에서 내담자가 기억에 달려들자고 당신을 종용한다 하더라도 이에 응해서는 안 된다. 또는 당신이 보기에 내담자나 당신이 준비가 되지 않았는데, 다른 어떠한 조치를 밟도록 허용해서도 안 된다.

우리들 대부분은 "그 때, 내 판단이 옳았는데 나는 왜 좀 더 내 의견을 강하게 제시하지 못하고 그냥 굽히고 말았을까?"라고 하는 후회의 감정이 있을 것이다. 적어도 나는 확실히 그러하다. 당신의 내담자와 당신 자신이 입을 피해를 줄이기 위해서는, 당신만의 지혜와 상식에 귀를 기울이라. 의학계의 행동수칙 곧, '첫째, 어떠한 해로움도 끼치지 않는다.' 를 기억하라.

• 지속적으로 돌봄을 유지하라.

당신은 내가 이런 말을 쓰는 것이 불필요하다고 생각할 것이다. 그러나 나는 이 기본 원칙이 지켜지지 않는 수많은 상황을 보아왔기에, 이것에 대해 반드시 언급해야만 한다고 생각한다. 자신의 심리치료사에 의해 속수무책으로 버려진 내담자의 숫자에 대해 내가 들은 얘기는 정말이지 커다란 걱정거리가 아닐 수 없다. 많은 내담자들, 특히 정신적 외상을 입은 내담자들의 경우 필요한 도움을 어떻게 하면 받을 수 있는가에 대한 능력과 자원이 많이 결여되어 있다. 그리고 이것이 이들이 아직도 트라우마로 고통을 받고 있는 일차적인 이유이다. 우리 모두는 우리가 도울 수 없는 내담자들을 만나는 경험을 한다. 내담자와의 작업이 점점 짜증스럽게 되다가 더 이상 도울 수 없다고 판단되는 시점까지 이르게 된다면, 그와의 만남에 종지부를 찍기 전에 내담자를 새로 인계할 곳을 먼저 확보해야 한다.

마지막으로, 심리치료사인 당신 자신을 보살피는 걸 잊지 말라. 트라우마 치료는 심리치료사의 정서적, 신체적 자원을 매우 소모시키는 일이다. 이 책에 소개된 많은 열쇠들도 당신을 도울 수 있다. 예를 들면, 언제 속도를 늦추고, 휴식을 하고, 휴가를 떠나고 등의 일들을 해야 하는지 분별할 수 있도록 마음챙김 측정기에 주의를 기울이라. 근육의 탄력성을 늘리고 운동을 꾸준히 한다면 일에서 오는 스트레스를 더 잘 감당할 수 있도록 도와 줄 것이다. 여기에 관해 더 많은 걸 알고 싶다면, 저자의 다른 책인 '돕는 이를 위한 도움Help for the Helper' 으로부터 주목할 만한 흥미로운 것을 발견할 수 있을 것이다.

찾아보기

ㅂ

ㅅ

ㅇ

ㅈ

ㅊ

ㅋ

ㅌ

ㅍ

ㅎ